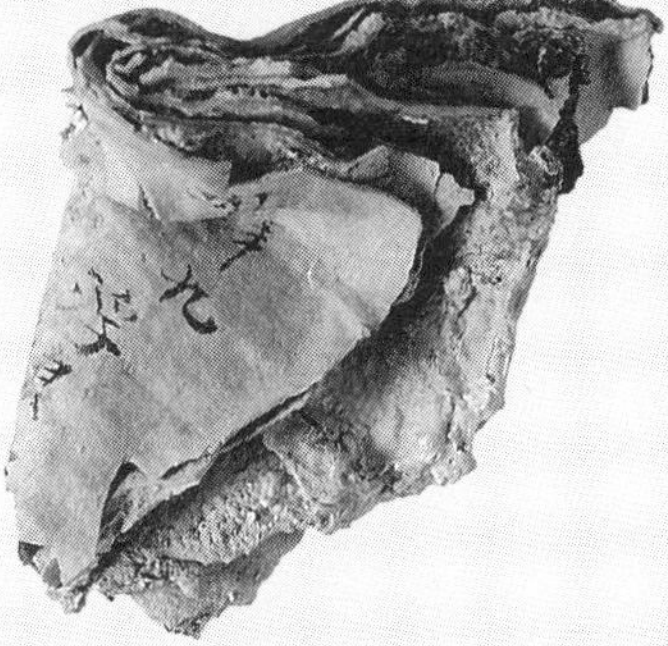

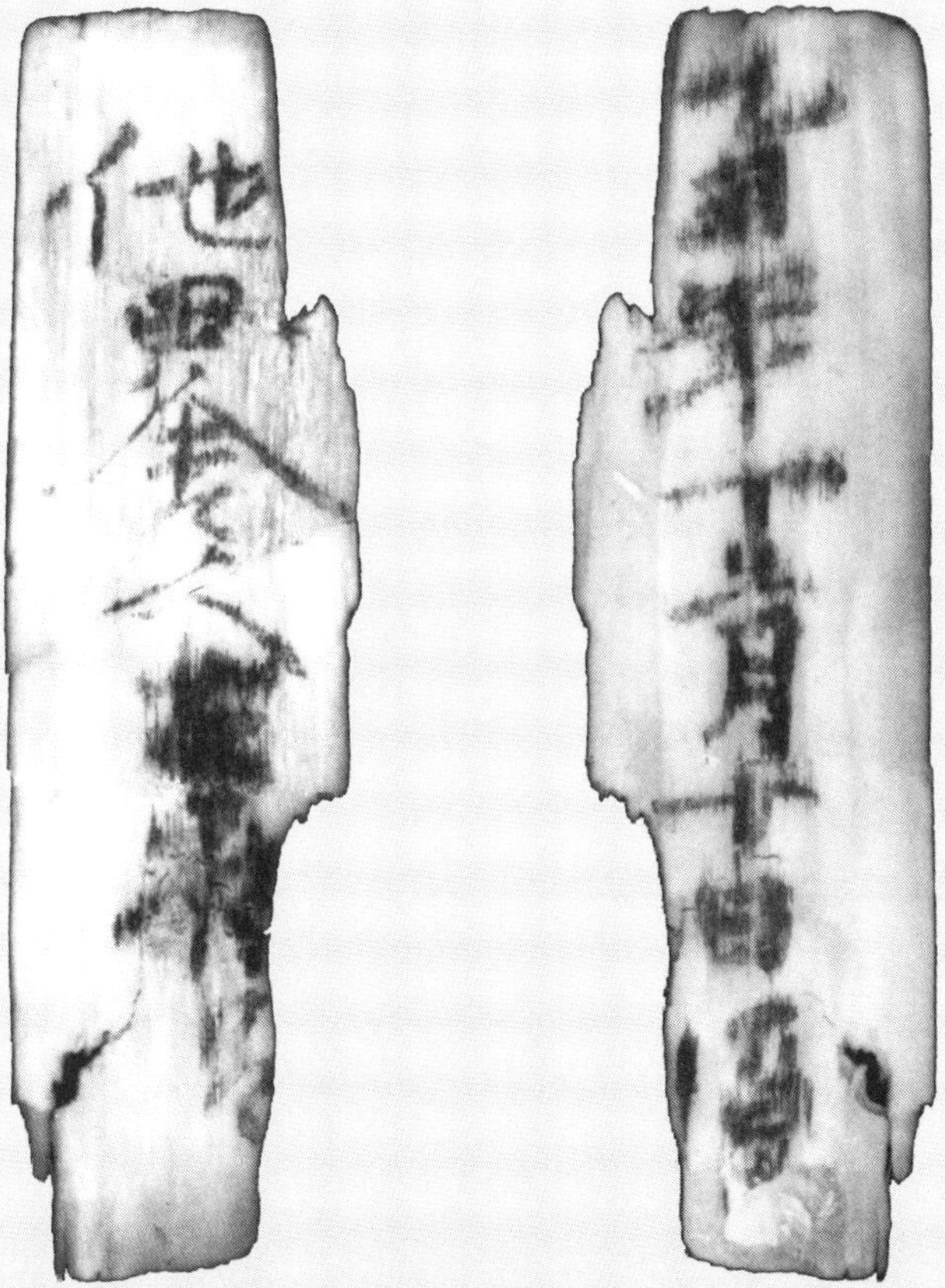

監修者――五味文彦／佐藤信／高埜利彦／宮地正人／吉田伸之

平城京漆紙文書第一号釈文

□嶋年九小子　浮浪和□〔銅カ〕
、、
□年十小子
、
□安女年、正□
年

屋代遺跡群第四六号木簡釈文

・乙丑年十二月十日酒人
・『他田舎人』古麻呂

［カバー表写真］
平城京漆紙文書第１号（裏焼）
長野県千曲市屋代遺跡群第46号木簡
（いずれも可視光線による画像）

［扉写真］
平城京漆紙文書第１号（裏焼）
長野県千曲市屋代遺跡群第46号木簡
（いずれも赤外線カメラによる画像）

［カバー裏写真］
宮城県多賀城市市川橋遺跡の木簡出土状況

日本史リブレット 15

地下から出土した文字

Kanegae Hiroyuki
鐘江宏之

目次

古代史研究と出土文字資料

近年、木簡《もっかん》などの出土文字資料がニュースで取り上げられる機会がふえている。新聞の文化面では、年に数回は写真入りで伝えられることもあり、時には第一面の記事でカラー写真が載せられることもある。新発見の文字が紙面をかざるたびに、歴史の研究はつねに進歩し、過去の事実を解明していくエネルギーに満たされているようである。出土文字資料によって、過去の人びとの記した文字がなまなましくあらわになり、過去の社会に対するイメージは非常に豊かになってきたといえるだろう。このような評価を受けてきたことにより、出土文字資料のなかには、平城宮《へいじょうきゅう》▲跡内裏《だいり》北外郭官衙《がいかくかんが》出土の木簡のように（図1）、重要文化財の指定を受けるまでになったものもある。

▼**平城宮**　七一〇（和銅《わどう》三）年に遷都《せんと》された平城京の中心施設。内裏《だいり》・大極殿《だいごくでん》・朝堂院《ちょうどういん》のほか、中央各官司《かんし》も配置される。

●──**図1　重要文化財の木簡**
（平城宮木簡第一号〈右〉・第三号）

遺跡の発掘調査などによって出土した、文字の記された遺物を、出土文字資料という。この定義のかぎりは、出土文字資料はどの時代の遺物であるかを限らない、幅の広い史料である。古代の社会だけにとどまらず、中世・近世・近代においても、そのときどきの史料で地中に埋まったものはいつの時代にもあり、現代の発掘調査によって出土文字資料としてふたたび地上に登場してくる。たとえば、東京の新橋《しんばし》停車場跡▲の発掘調査で、明治初年の切符が発見されたが(図2)、これも立派な出土文字資料である。

しかし、古代の社会を明らかにするうえでは、出土文字資料のもつ意味合いは、それ以降の時代よりも大きい。古い時代の書物が世をへて伝えられる場合には、時代がたつにつれて、伝えられる書物の数は絞られ限定されていく。つまり、古い時代の書物は、新しい時代のものよりも、一般的には残り方の割合が少ない。このように考えると、限られた文献を最大限に利用しても、古代の社会についてえられる情報には限界がある。出土文字資料の発見は、こうした伝世の史料による限界を超えたところから、伝世された文献以外の情報を提供することになった。過去の社会を解明するために有用な、あらたな史料が今後

▼**新橋停車場跡**　一八七二(明治五)年に日本ではじめて開業した鉄道の起点となった新橋停車場の遺跡。再開発にともない発掘調査され、現在は国指定史跡として一部が公開されている。

●——図2　新橋停車場跡から出土した切符

増加する可能性を示してくれたのである。

　本書は、古代の出土文字資料について紹介していく。出土文字資料が現在の歴史研究においていかに活用されているか、理解を深めていただければ幸いである。

①──出土文字資料とはなにか

埋まったもの、埋められたもの

書物の形で世に伝えられてきた文献と出土文字資料の最大の違いは、それが地下から発見されたものであること、いいかえれば埋まったもの、ないし埋められたものであることにある。地下に埋まっている状態にいたった経緯は、二とおりに分けて考えることができるだろう。第一は、不要になって廃棄され埋められたもの、あるいは廃棄されたあとでかえりみられずに自然に埋まってしまったものであり、第二は、残すことを意図して記され丁寧に埋められたものである。

まず第一の不要になって廃棄されたものだが、これらはわかりやすくいえば「ゴミ」である。しかし、棄てられた当時にはゴミであっても、現代の私たちにとっては非常に貴重な史料となる。どのように貴重であるのかという点について、少し長くなるが述べておくことにしたい。

歴史を考える手がかりとなる史料として、伝えられてきた文献があり、これには歴史書・法典などの編纂物や、古記録《こきろく》▲・古文書《こもんじょ》▲などがある。しかし、これらのほとんどは理由があって意図的に残されたものである。たとえば、歴史書は編纂者の立場から必要な事項を取り上げ、編纂者の価値観によって内容が選択されている。日本の古代の場合、政府の事業として編纂された六国史《りっこくし》▲は、政府の立場から記事が選択され、叙述がなされているのである。また、古文書も、その文書がなにかの証明として必要であった場合が多い。土地の権利を保障するために、相続・譲渡・売買などの手続きを証明する書類が書かれ、その権利を保障する権力者の命令書が書かれた。今日に残される多くの文書は、こうした過去からの権利の証明のために保管されてきたものであり、意図的に選択された文書なのである。

　このように、歴史書や伝来する古文書は選択された情報を伝えている。すなわち、これらの史料から直接にわかるのは、歴史上のある限られた範囲の情報でしかない。しかし、われわれにとっての過去の社会とは、そのように選択された材料で伝えられたものがすべてではない。伝えられなかった部分も含めて、さまざまな様相をもった社会全体について、可能なかぎり知ろうとしていくこ

▼古記録　個人の日記や官司《かんし》での業務日誌など、おもに日ごとに記される日記・日誌の体裁の史料。

▼古文書　命令書・手紙・契約書・伝票など、個々の目的のために記された書類としての史料。

▼六国史　律令制《りつりょうせい》下で国家によって編纂された『日本書紀《にほんしょき》』『続日本紀』『日本後紀《こうき》』『続日本後紀』『日本文徳天皇実録《もんとくてんのうじつろく》』『日本三代《さんだい》実録』の六つの史書の総称。

とが、史実を明らかにするために必要な態度だろう。

ゴミとして棄てられたものは、棄てられた当時においては、語り残すに値しないとして放っておかれた、いわば日常ありふれた情報である。しかし、そうであるからこそ、当時の日常のありさまを考えていくうえでは、選択された情報しか残していない歴史書よりもはるかに有用である。当時の人びとが、日常どのような苦悩に直面し、それをどのような方法で切りぬけようとしていたのか、こうしたごくありふれた日常の仕事や生活の面は、廃棄された文字資料からでしかわからない。出土文字資料がもっている重要性は、一つにはこうした日常性を語る史料だという点にある。

つぎに、第二の意図的に埋められたものについてだが、墓に埋葬する際に埋められた墓誌《ぼし》などがこれにあたる。出土文字資料のなかでは量は多くはないが、なにかの必要があって地中に埋めたものには、埋める行為にともなうなんらかの考え方が反映されている。なんのために、どのような形でつくられ、どのように埋められたのかを考えることによって、当時の人びととの考え方に近づくこともできる。当時の人びとにとってあたりまえの行為でも、現在の私たちの常識と違っていることは多い。この類の資料もまた、伝来の書物ではわからない当時の人びとの営みを明らかにしてくれるのである。

このように、出土文字資料は、編纂物や古文書からではわからない、歴史上のさまざまな面を明らかにする可能性を秘めている。その具体的な事例は、本書のなかで紹介していくことにしたいが、ここで取り上げた二とおりの類別を考えることは、その考察の前提となる。地下からでてきたという点で共通していても、土中に残るように埋めたものなのか、不要になって棄てられたものなのか、その埋まった事情によって中身はまったく異なる。出土状況のもっている意味を理解することが、それぞれの資料を理解するうえで必要なのである。

遺跡・遺構との関係

出土文字資料は、遺跡から発掘された遺物の一部であり、出土した遺跡・遺構と無関係ではありえない。どのような出土文字資料がでたのかということは、遺跡・遺構を考えるうえで重要な論点であり、その遺跡が一体なんであるかを端的に示すもっとも重要な鍵になる場合も多い。

たとえば、一九八六(昭和六十一)年から八九(平成元)年にかけて発掘調査された、平城京《へいじょうきょう》左京《さきょう》三条二坊の一・二・七・八坪の四坪分を占めた邸宅跡は、調査にあたった奈良国立文化財研究所(現在は奈良文化財研究所)▲によって長屋《ながや》王《おう》▲邸であったと結論づけられることとなったが、その最大の根拠になったのは、つぎのような木簡《もっかん》である(図3)。

・雅楽寮移長屋王家令所　平群朝臣広足
　　　　　　　　　　　　右人請因倭儛
・故移　十二月廿四日　少属白鳥史豊麻呂
　　　　　　　　　　　少允船連豊

この木簡は、宮廷《きゅうてい》の楽舞《がくぶ》を担当した雅楽寮《ががくりょう》という役所から、長屋王家の事務所である「長屋王家令所《かれいしょ》」に宛てた「移《い》」という公式文書である。公的な依頼文書として、雅楽寮が舞楽の舞人《まいびと》の派遣を要請したものであり、これが出土した邸宅跡には、この文書の宛先である長屋王家の事務局があったはずである。まだ異論もあるようだが、この考え方がほぼ穏当な見解として定着しつつある。

また、一九七九(昭和五十四)年に、平城京のあった奈良盆地からみて東方の、大和《やまと》高原にあたる奈良市東部の此瀬《このせ》町の茶畑で、一つの墓跡がみつかったが、

▼奈良文化財研究所　独立行政法人の文化財の総合研究組織。前身である一九五二(昭和二十七)年に設置された奈良国立文化財研究所の時代から平城宮跡や飛鳥《あすか》・藤《ふじ》原宮《わらきゅう》跡の発掘調査を実施。

▼長屋王　六七六もしくは六八四〜七二九年。天武《てんむ》天皇の孫、高《たけ》市《ち》皇子《のみこ》の子にあたり、左大臣にのぼるが、藤原武智麻呂《むちまろ》との対立によって誣告《ぶこく》により自尽《じじん》。

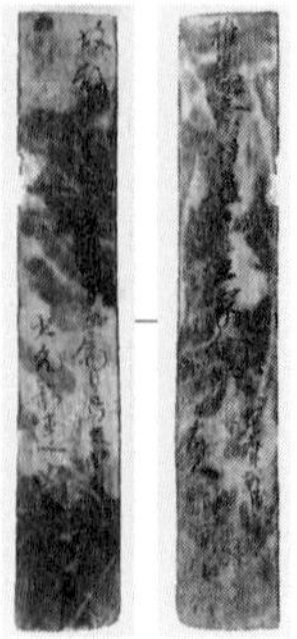
●図3「雅楽寮移長屋王家令所」の木簡

そこからはつぎのような文字を記した銅製の板がみつかった。この銅板の文字内容から、『古事記《こじき》』の筆録者であった太安万侶《おおのやすまろ》の墓であることがわかったのである（図４）。

左京四条四坊従《じゅし》四位《いげ》下勲五等太朝臣《あそん》安万侶以癸亥《きがい》
年七月六日卒之　養老《ようろう》七年十二月十五日乙巳《いっし》

この墓誌のほかには、埋葬された人物のわかる遺物はない。墓誌は、どんな人物がほうむられたのかをもっともよく知ることのできる貴重な遺物なのである。この墓の付近には、光仁《こうにん》天皇の田原《たはら》東陵や施基皇子《しきのみこ》の田原西陵などがあり、ほかにも奈良時代の火葬墓がいくつかみつかっている。大和高原では、このほかに旧都祁《つげ》村でも、七二九（神亀《じんき》六）年になくなった小治田《おはりだ》安万侶の墓誌がみつかっており（図５）、平城京からやや離れた大和高原の地に、奈良時代の貴族の墓地がいくつもつくられたと推定されるのである。

出土文字資料は、遺跡の年代を考えるうえでも重要な情報を提供する。遺跡から出土する遺物は、たとえば瓦や土器《どき》などのように、時代によって様式の流行に変化のあるものは、それを様式ごとにグループ分けして、グループごとの

▼『古事記』　七一二（和銅《わどう》五）年成立。天武天皇による史書編纂の命を受けて稗田阿礼《ひえだのあれ》が誦習したものを、太安万侶が筆録したと伝える。

▼太安万侶　？〜七二三年。奈良時代前期の官人。従四位下民部卿《みんぶきょう》にまでのぼる。『古事記』の筆録者として著名。

▼光仁天皇　七〇九〜七八一年。天智《てんじ》天皇の孫、施基皇子の子にあたり、白壁王《しらかべおう》という名で、称徳《しょうとく》天皇崩御《ほうぎょ》時には大納言。藤原永手《ながて》らによって擁立され、皇位につく。

▼施基皇子　？〜七一六年。志貴皇子とも。天智天皇の第七皇子で光仁天皇の父。光仁天皇即位にともない、春日宮御宇天皇《かすがのみやにあめのしたしろしめしし》と呼ばれるようになる。

▼小治田安万侶　？〜七二九年。奈良時代前期の官人。従四位下までのぼる。

●―図4　太安万侶墓誌

●―図5　小治田安万侶墓誌

●―図6　秋田城の井戸跡

●―図7　「天平六年月」のクギ書き木簡(秋田城跡第一号木簡、部分)

相対的な時代の前後を識別することができるが、それが絶対年代のどの時期にあたるのかは判断のむずかしい場合も多い。ある様式が広まった二〇年から三〇年の期間が、八世紀の前半なのか中ごろなのかといった判断のゆれる問題についても、同じ遺物の層から年代を記した文字資料がみつかれば、年代を特定できる有力な論拠がえられることになる。

　秋田県秋田市西部、雄物川《おものがわ》河口近くに位置する秋田城▲跡の鵜《う》ノ木《き》地区では、秋田城の外郭の外側に隣接する掘立柱《ほったてばしら》建物群がみつかったが、そのなかに深さ五・五メートルの大規模な井戸跡が検出された。その井筒のなかから(図6)、「天平六年月」とクギのような尖ったもので刻書《こくしょ》された木簡が出土した(図7)。この井戸は天平《てんぴょう》六(七三四)年前後に使われていたのである。『続日本紀《しょくにほんぎ》』▲には、天平五(七三三)年に出羽柵《でわのさく》▲を秋田村の高清水岡《たかしみずのおか》に遷したという記事があり、南方の庄内《しょうない》平野にあったとみられる出羽柵が、秋田の地まで北遷したことが知られる。天平六年はまさに北遷直後の時期であり、移転した出羽柵がこの地で営まれたことを示している。この木簡によって、出羽柵の秋田での活動開始時期が『続日本紀』の記述どおりであることが明らかとなった。遺跡の活動年代を

▼**秋田城**　秋田市寺内《てらうち》に所在する城柵施設。七三三(天平五)年に出羽柵が秋田の地に遷され、天平宝字《ほうじ》年間(七五七〜七六五)ごろ秋田城と改称された。出羽国最北の城柵として、北方の蝦夷《えみし》との交流の場となる。

▼**『続日本紀』**　七九七(延暦《えんりゃく》十六)年成立の国家編纂の史書。文武《もんむ》天皇即位から桓武《かんむ》天皇治世の途中までを録す。

▼**出羽柵**　もと出羽郡(山形県酒田《さかた》市付近)にあり、七三三(天平五)年に秋田に遷された。

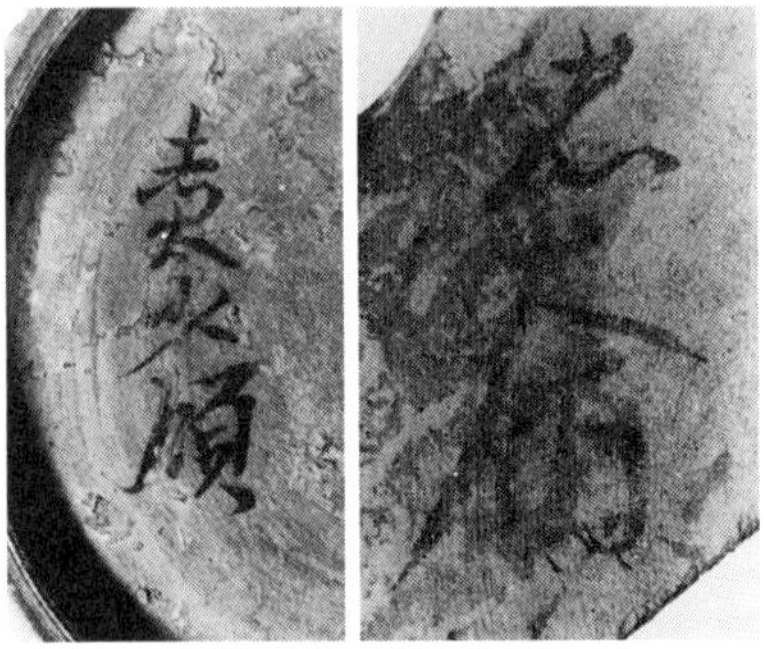

●──図8　御子ケ谷遺跡の墨書土器（「志大領」〈右〉・「志太少領」）

考えるうえで、重要な資料ということができる。

　また、ある遺跡がどのような性格をもっているのか判断しにくい場合にも、出土文字資料が有力な情報をもっていることは多い。静岡県藤枝《ふじえだ》市の御子ケ谷《みこがや》遺跡は、丘陵の北側のふもとにあたる南北七〇メートル、東西八〇メートルほどの平坦部に、いくつもの掘立柱建物がまとまってみつかった。一九七七（昭和五十二）年に行われた調査では、さまざまな生活用具のほか、文筆にかかわる役人の存在をうかがわせる立派な円面硯《えんめんけん》も出土したが、この遺跡の性格を考えるうえで有力な情報を提供したのが、大量に出土した墨書《ぼくしょ》土器であった。この遺跡は古代の志太《しだ》郡にあたり、「志太」「志太厨」などと記されたものが多くみられ、さらに「大領」「志大領」「郡大領」「志太少領」「志太少」という文字もみられ、この建物群に郡司《ぐんじ》の長官・次官である大領《だいりょう》・少領《しょうりょう》がいたことが明らかとなったのである。これは、御子ケ谷遺跡を志太郡の役所である志太郡家《ぐうけ》と考える有力な根拠になった。

　このように、出土文字資料は、その資料が出土した遺跡を、さらに遺跡のなかでその資料がみつかっている場所の遺構を考えていくうえで重要な情報をもっている。また、その逆に、資料に記された文言を理解するためにも、遺跡・遺構の情報をあわせて考えていく必要もある。

宮城県多賀城《たがじょう》市山王《さんのう》遺跡からは、図9のような木簡が出土した。現状では下部が折れているが、本来は細長い棒状の部分が下につき、題籤軸《だいせんじく》と呼ばれる形式の、文書を巻くための軸になる。山王遺跡は多賀城▲跡の南東側に接し、東西・南北に走る道路によって碁盤《ごばん》の目《め》状に区画された地割りがほどこされており、多賀城という行政施設の周辺に所在したいわば当時の市街区域である。木簡の出土した区画には、東西九間▲《けん》以上、南北四間の、四面庇《しめんびさし》付の建物がみつかった。この規模の建物は市街区域のなかでは別格で、日常生活品にまじって、多量の緑釉《りょくゆう》陶器・灰釉《かいゆう》陶器・中国産陶器など、多くの奢侈品も出土した（図11）。多賀城などの諸国の国府《こくふ》には、国司《こくし》の官人《かんじん》が館《たち》を構えていたことが知られており、この遺跡は規模からみて長官である国守《こくしゅ》の館の可能性が高い。木簡にみえる「収文」の語には、物品を受領した際の受取状としての意味があり、ここが国守の館であるならば、この収文は陸奥守▲《むつのかみ》の手許で保管されていたことになる。

餞馬《はなむけのうま》はあらたな任務への昇進・赴任の祝いとして贈られる馬であり、陸奥

▼多賀城　陸奥国の中心となる城柵施設。七二〇～七二一（養老《ようろう》四～五）年ごろ設置され、陸奥国府がおかれたほか、八〇二（延暦二十一）年までは鎮守府《ちんじゅふ》もおかれていた。

▼間　建物の柱と柱の間を数える単位。たとえば、東西方向に柱が六本、南北方向に柱が四本ならんでいれば、東西五間、南北三間というように数える。

▼陸奥守　陸奥国司の長官。

●──図 9　山王遺跡国司館跡の木簡
両面とも「右大臣殿餞馬収文」と書かれている。

●──図10　国守館復原想像図

●──図11　出土した奢侈品（青磁水《せいじすい》注《ちゅう》〈上〉・緑釉陶器皿）

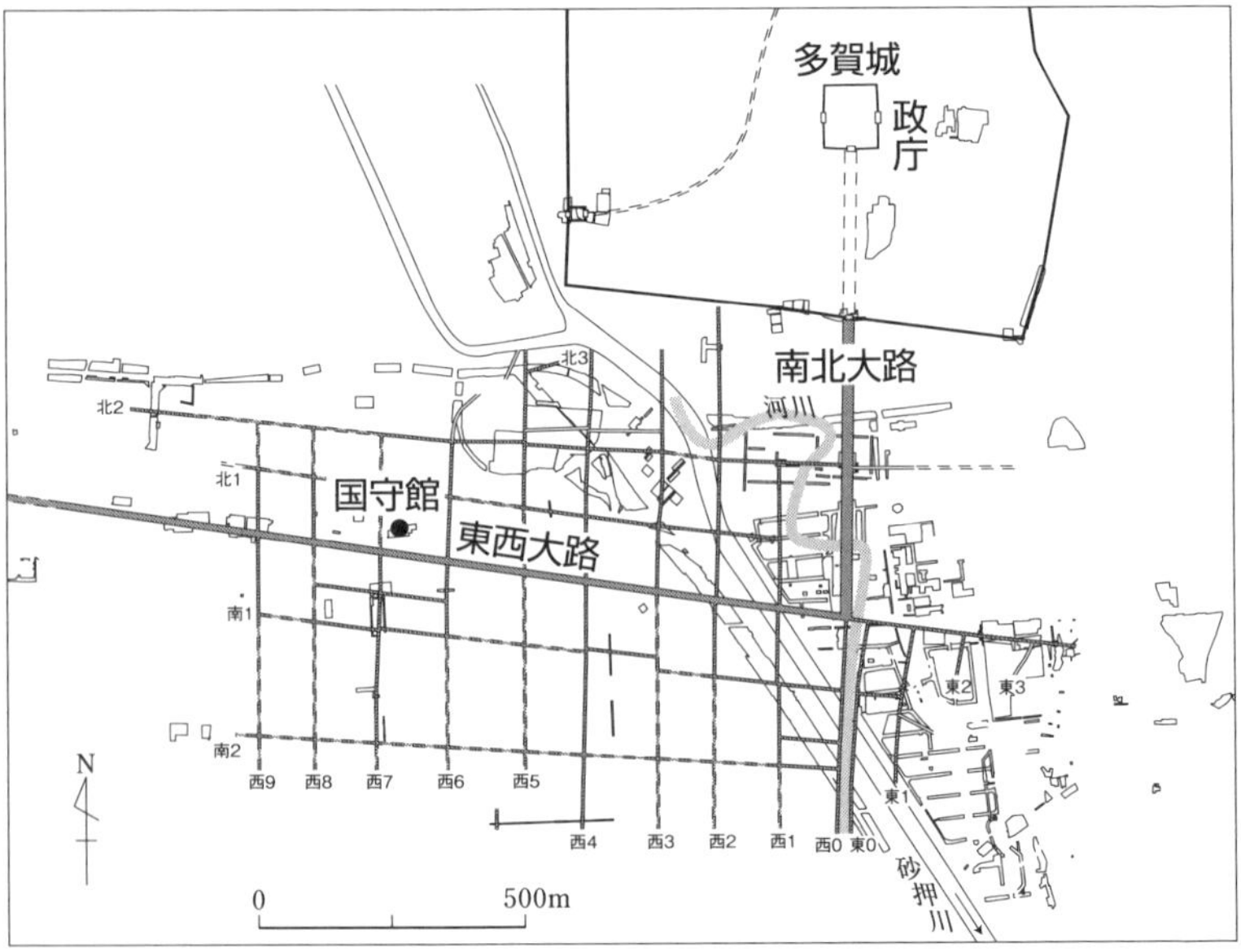

●──図12　国守館跡の位置図

守から右《う》大臣に贈られたのだろう。平安時代には、陸奥出羽按察使《あぜち》▲を大納言《だいなごん》が兼任した例が多く、大納言から右大臣に昇任すると兼官《けんかん》から離れる慣例がある。おそらく、ある大納言が右大臣に昇任して陸奥出羽按察使の任を離れることとなり、その昇任のお祝いに陸奥国特産の良馬《りょうば》が陸奥守から贈られたのだろう。陸奥出羽按察使は、官制のうえで陸奥国司・出羽国司を管轄する関係にあり、餞馬は上司への昇任祝いということができる。この解釈においては、出土した地点が館跡と考えられることが、有力な論拠となっているのであり、出土文字資料の文言の理解のうえでは、遺跡の情報がおおいに必要なのである。

出土文字資料の種類

ここで、出土文字資料にどのようなものがあるのか、その概略をまとめて示しておくことにしたい。表1では、どのような材料に書かれるのか、またどのような方法で書かれるのかという二とおりの観点から、主要な種類の出土文字資料を分類してみた。それぞれの種類の出土文字資料は、これらの組合せの一とおりにおさまるものもあるが、複数の組合せにまたがるものもある。以下で

▼**按察使**　八世紀前半の一時期、隣接する複数国司を管轄する上級地方官として全国におかれたが定着せず、陸奥出羽按察使以外は廃された。陸奥出羽按察使は平安時代まで残る。

●—表1　出土文字資料の種類

		文字を記す方法					
		墨書	朱書	ヘラ書き	刻字	刻印	象嵌
記される素材	紙	漆紙文書	漆紙文書		漆紙文書		
	木	木簡			木簡		
	金属				墓誌 骨蔵器 経筒		刀剣
	土製品	墨書土器 文字瓦 瓦経	朱書土器	ヘラ書き土器 文字瓦 瓦経 経筒	刻書土器	刻印土器 刻印瓦	
	石	石経			碑 線刻紡錘車		

は、主要な種類の出土文字資料を簡略に紹介しておくことにしたい。

　木簡は、出土文字資料のなかでももっとも広く知られた存在だろう。木簡の出土情報を広く共有し研究の発展を期すために、木簡学会▲が組織され、すでに二八年がたった。木簡学会では機関誌『木簡研究』を毎年刊行しており、発掘調査で出土したさまざまな木簡の情報が網羅的に集成されている。現在、木簡の定義は「木片に文字の記されたもの」と広く考えられているが、木簡学会ではこれにあてはまる木簡を形態によって分類している。この分類については③章で後述することにしたい。日本の木簡の出土点数は、現在二〇万点を超えるまでに達しているが、このなかには、わずかな断片の隅に墨痕が微小な点のようについただけのようなものも多数含まれており、削り屑の状態のものも含まれる。また、残された墨痕が薄くなってほとんど読みとれないものも多く、すべての木簡の文字がはっきりと読みとれるというわけではない。きちんと統計がとられたわけではないが、どのような文字なのかが読みとれる木簡の割合は、全体の半分に満たない。

　紙を素材とした出土文字資料としては漆紙《うるしがみ》文書がある。大陸の乾燥した気候

▼**木簡学会**　一九七九(昭和五十四)年創始。日本全国の木簡を総合的に研究するため、毎年の木簡出土情報を収集し、木簡の研究と保存を推進する。毎年機関誌『木簡研究』を刊行している。

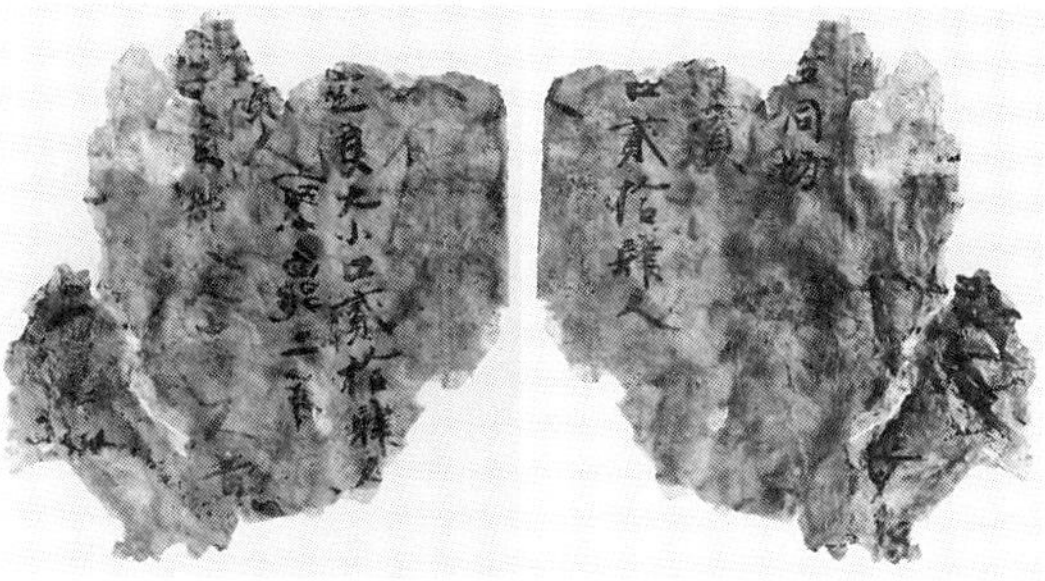

●──図13　平城京漆紙文書第５号

●――図14　平城宮跡の墨書土器(「兵厨」〈左〉・「兵部」)

のもとでは、紙の文書がそのまま残される事例はあるが、日本のような湿潤な気候条件では、有機物を分解する微生物によって地中の紙はほぼ形をとどめなくなる。しかし、漆が付着していると、その部分が漆膜にまもられて、一二〇〇年以上も地中で紙が保存されることがある。漆は貴重品だが、空気にふれていると固化して使えなくなってしまう。そこで、保管のためには、漆液を空気から遮断して密封する必要がある。容器としての曲物《まげもの》を密封するために、もっとも適した素材として紙が使われた。そしてまた、紙も貴重であったために、白紙を用いるのでなく、いったん使って不要になった書類(＝反故紙《ほごし》)を、漆容器のふた紙に用いたのである。この結果、反故文書に漆が付着した状態で、容器からはずされたふた紙が、廃棄されて土中に埋まり、永い年月のあいだに漆の付着した部分だけが残ったのである。

　土器に文字が記されたものとしては、墨や赤色顔料を使って、筆で記される場合と、土器を成形する際のヘラなどを使って記される場合がある。墨で書かれた土器を墨書土器といい、ヘラを使って書かれた土器をヘラ書き土器、あるいはヘラ以外の工具を使って書かれた場合も含めて刻書土器という。木簡や漆

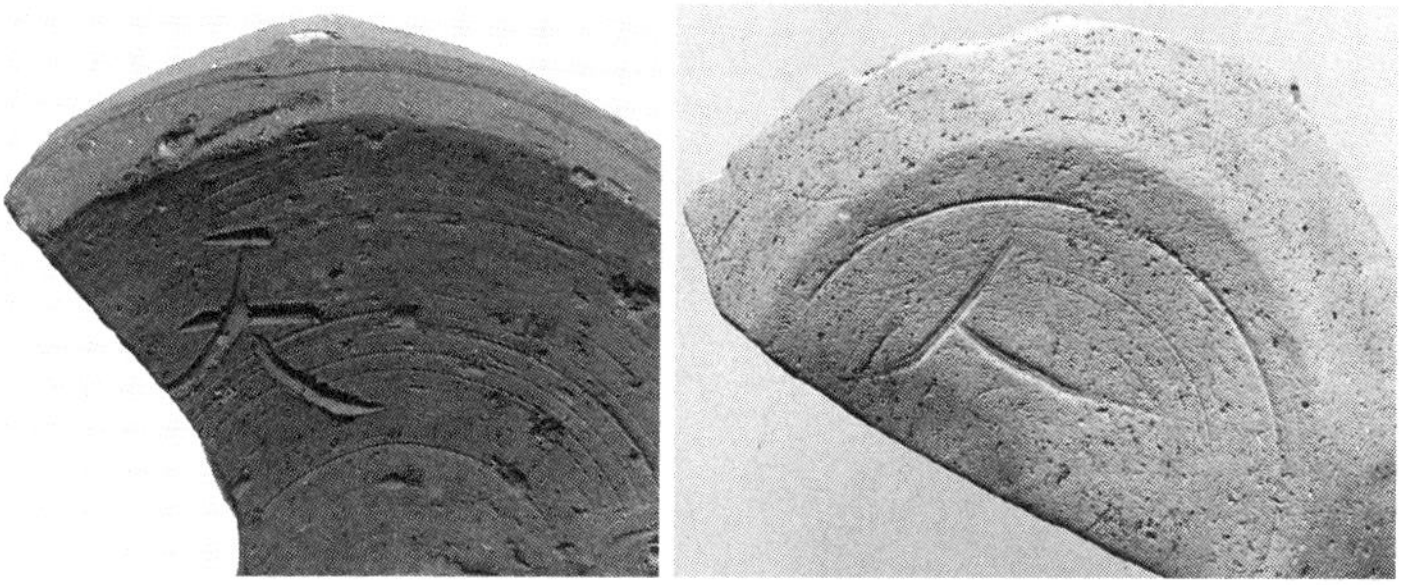

図15　ヘラ書き土器(山王遺跡出土)

紙文書が書類として用いられたものであるのに対し、墨書土器やヘラ書き土器は、土器として製品に文字が記されており、書類としての筆記ではない用途を考えなければならない。また、墨書土器は土器が焼き上がったあとに、それを使用する場面で文字が記されたと考えられるが、ヘラ書き土器は、土器を焼成する前の粘土のやわらかい状態のうちに、ヘラを使って書き込んでいる。この点からは、ヘラ書きは土器の生産の場で記されたと考えなければならない。なお、焼成後の固い表面に文字をきざみこむのは容易ではないが、尖った鋭利な工具で焼成後に文字をきざんだ刻書土器もみられる。

官衙《かんが》や寺院の屋根に葺《ふ》かれる瓦にも、文字を記したものがある。土器と同様に、焼成前の粘土のやわらかい状態では、ヘラで書くことが可能であり、生産現場でヘラ書きされた瓦が各地からみつかっている。また、瓦は型に押しつけた粘土を工具でたたいて成形するが、その工具にあらかじめ文字を彫り込んでスタンプ状にし、工具でたたきのばしたところに文字の刻印が残されている場合もある。この場合、同じ工具を用いてつくった一連の瓦に、まったく同じ刻印が多数残されることになる。土器の場合にも、焼成前に文字を刻印した例と

●—図16　武蔵国分寺文字瓦《むさしこくぶんじ》(部分)

●—図17　象嵌された刀剣(稲荷《いなり》山《やま》古墳の辛亥銘《しんがいめい》鉄剣、部分)

▼塼　土を直方体のブロックにして焼き固めた煉瓦《れんが》状のもので、型抜きで模様を浮彫りにすることもある。建物の基壇《きだん》や壁に貼り付けて装飾にも用いられる。

して、「美濃国《みののくに》」と刻印したものがみつかっている。

金属に文字を残す方法として、象嵌《ぞうがん》という技法がある。表面にタガネなどの工具で文字を彫り込み、そのくぼみに別の種類の金属を埋め込んで、文字や絵を異なる色彩で浮き出させる方法である。大陸から伝わった方法であるが、古《こ》墳《ふん》時代には日本でもこの技術を使って文字を記した刀剣が製作された。五世紀から六世紀にかけての古墳から、こうした刀剣がいくつかみつかっている。高度な技術と、高価な金属を必要とすることから、古墳に副葬《ふくそう》された刀剣のなかでも、非常に希少な割合でしかみられないが、出土文字資料のまだ少ない時代を考えるうえでは、それぞれの刀剣がもっている資料的価値は非常に高い。金属が木などに比べて耐久性の高いことは、当時の人びとも認識していたはずであり、金属に文字を残すことは、永く残す意図で文字を記していると考えることができるだろう。

人びとを埋葬する方法は、仏教が普及するにつれて、古墳から火葬墓へと変化していった。火葬墓の時期になってみられるようになるのが、墓誌や骨蔵器《こつぞうき》である。墓誌は、金属や塼《せん》▲などに文字がきざまれており、火葬墓に骨をおさめ

●——図18　伊《い》福《ほ》吉《き》部《べ》徳足《のとこたり》比《ひ》売《め》骨蔵器

た骨蔵器や副葬品とともに、埋納される。地上にはその墓に埋葬されたのが誰であるのかを示すものはなく、墓誌がみつかってはじめて埋葬者が誰だったのかがわかる。その墓にほうむられたのが誰なのかという情報を、他者にみせるために記していることはまちがいないが、示している相手は、後世に墓を掘り返した人ではなく、むしろその場所を墓地とすることを受け入れてもらわねばならない土地の神なのかもしれない。骨蔵器は、火葬された骨をおさめる容器であり、その容器に文字が彫り込まれているものがいくつか知られている。金属製や陶製のものがあって、遺骨が誰でどのような人物であるのかを記しており、墓誌と同様な目的をもつと考えてよいだろう。墓誌や骨蔵器に、金属や塼・陶器といった材料が選ばれるのは、地中に埋めてもくちはてない素材と考えられ、墓のなかで永く残っていくことが期待されたのであろう。

意図的に地中に埋めた文字資料として、さらに経筒《きょうづつ》や埋納経《まいのうきょう》がある。仏教的な作善《さぜん》行為として、経典《きょうてん》を容器におさめて、塚のように土を盛って埋納する行為が広まった。こうしてつくられた塚を経塚《きょうづか》という。紙に写経《しゃきょう》したものをおさめた円筒《えんとう》状の容器を経筒といい、金属や陶器でつくられる。この場合にも、墓

図19　藤原道長《ふじわらのみちなが》経筒

誌や骨蔵器と同様に、きざまれた銘文が永く残るような素材が選ばれているといえるだろう。平安時代後期になると、紙の経典巻物だけでなく、経典本体を金属板や瓦製の板にきざみこんだものもみられるようになる。さらに時代がくだると、手頃な大きさの川原石《かわらいし》に経典を墨書しておさめたものや、二〜三センチほどの小石に一文字ずつ経典の文字を墨書して一括しておさめた一字一石《いちじいっせき》経《きょう》もみられるようになる。これらは仏教信仰に基づく実践ということができるが、やはり、くちはてない素材が選ばれているということがいえそうである。

出土から利用まで

出土文字資料は、発見されてから、さまざまな手法の調査によって文字が釈《しゃく》読《どく》され、内容が公表される。出土文字資料の性質を理解してもらうに際して、そうした過程についても一とおり述べておくことにしたい。

遺跡の発掘調査では、どの遺物が、どの遺構の、どの位置で、どの層位からみつかったかを把握しておくことが大事である。その遺物がどこからみつかっているのかによって、遺物の性格の理解は変わってくるであろうし、どの層位

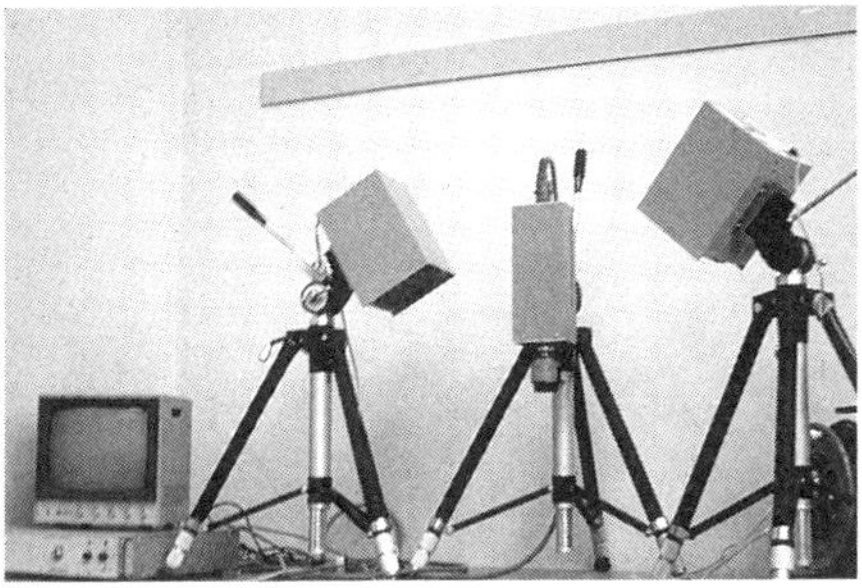

●──図20　赤外線テレビカメラ装置

からみつかっているかによって、どの時代の、どの時期のものかという理解も変わってくる。もちろん、文字が書かれていない遺物も同様なのだが、出土文字資料もこうした情報を抜きにしては分析できない。他の遺物と同様に、出土位置や出土層位ごとに整理された資料は、同じグループに区分された断片のなかで、もともと同一個体だったものなのか、別個体だったのか、個体の峻別がなされる。そして、もともとの個体ごとに、整理番号が付されることになる。文字の記されていない断片でも、文字のある断片と接合すれば、それは同じ個体として整理されることになる。

　整理された資料は、さまざまな方法で観察される。まず最初は肉眼での観察から始められるが、肉眼では読みとりにくい場合には、光学的な操作によって、さらに詳細な観察が行われる。具体的には、墨書の場合、肉眼による観察よりも、赤外線テレビカメラをとおした画像のほうが、墨で書かれた部分とそれ以外の部分との違いがはっきり読みとれるため、木簡や漆紙文書・墨書土器の調査では、赤外線テレビカメラが使われることが多い。また、金属に象嵌などで文字が残されていても、外側を鉄錆《てつさび》が覆っていて外側からではみえない場合、

X線撮影した写真で文字の痕跡を確認する方法がとられる。文字が確認されれば、外側の鉄錆の部分を削って、文字面がみえるようにする場合もある。

文字の痕跡が確認されると、その文字について可能なかぎりの情報を確定していく作業に移るが、これを釈読といい、判断された文字列を書き起こしてまとめたものを釈文《しゃくもん》という。釈読にあたっては、まず資料のどの位置に、どの程度の数の文字があるかを確認する作業が必要である。すべての文字が判読できるわけではなく、文字らしいものがあるが確定できないということは非常に多い。こうした場合には特定の文字に決定できないため、釈文のうえでは「□」とされたり、何文字分かの長さにあたるが文字数が確定できないというような場合には「▭」という記号が用いられる。こうして一文字ずつ判読を行っていくが、肉筆の文字を観察するには、すでに知られている、よりわかりやすくはっきりした書体の文字と比較しながら、どのような文字であるのかという可能性を探っていくことになる。『五体字類《ごたいじるい》』▲や『書道大字典』▲などの文字集成は、とくに利用価値が高い。残されている字画が少なかったり、字画がぼやけて薄くしか確認できず、一つの文字に確定することがむずかしい場合には、断定で

▼**『五体字類』**　法書会編輯部纂。一九一六（大正五）年刊。中国の碑や書蹟《しょせき》から、さまざまな書体の文字を集成。

▼**『書道大字典』**　伏見冲敬編。一九七四（昭和四十九）年、角川書店刊。中国の碑・墓誌や書蹟から、文字を集成し上・下二巻からなる。なお、携帯には再編集した『角川書道字典』（同編、一九七七年）が便利。

きないまでも有力な可能性を示しておく。たとえば、「一」という文字である可能性が高いと考えられる場合には、「□〔一カ〕」として傍注で「一」である可能性を提示する。こうしてつくられた釈文が、その出土文字資料における文字情報として、公表され、研究に利用されるようになるのである。また、釈読作業と同時に、資料に界線《かいせん》▲や合点《がってん》▲など、文字ではないが、文字内容と密接にかかわる痕跡が認められる場合にも、釈読と同時に読みとっておかねばならない。

　釈読によって、釈文として文字情報を残すことと同時に、写真によって画像を記録して残す必要がある。木簡の場合には、出土後に刻々と墨書が退色する場合があり、時間がたつと釈読が困難になるものもある。出土直後のできるだけ早いうちに、写真撮影によって記録を残しておくことが必要である。また、赤外線テレビカメラによって観察した場合には、その画像写真も残しておかなければならない。X線撮影の場合にも、X線写真を残すことになる。こうして、写真による記録を残すこととともに、外形の観察結果を、観察者の目によって読みとった実測図も、記録を残す重要な方法である。写真だけでは表現しにくい情報も、実測図には表現できる場合がある。できるだけ客観的な観察を行い、

▼界線　紙面に写経や帳簿などを記す際に、文字の配置を整えるために引かれた、基準となる線。行を区切る縦線を縦界線、行の書き出しの位置の目印となる横線を横界線という。

▼合点　人や物を照合した際に、目印として帳簿上に付す記号。対象となる語句に小さな点を打つ方法のほか、語句を丸で囲む方法、カギ形の印《しるし》（＝勾点《こうてん》）をつける方法、さらには「合」の略体字《りゃくたいじ》を書く事例も知られる。

その結果を残すことで、外形についての情報が研究に利用できるようになる。こうして、発掘調査の際の遺構や出土位置・層位などの出土情報、実物の観察による実測図や観察結果の記録、写真による画像、文字を釈読した結果の釈文などが、調査主体となった機関によってまとめられ、調査報告書として刊行され、成果が公表される。一般には、こうして公刊された調査報告書を利用することによって、研究者がさまざまな出土文字資料の情報を使って研究を進めているのである。

こうして、どのような出土文字資料がみつかったのかということは公にされたが、その資料本体は、実物としてかけがえのない情報をもっている。しかし、出土文字資料は発掘調査された時点で傷《いた》みの激しいものが多く、調査後の保存をどのようにしていくかも、大きな課題である。保存に際しては、科学的な保存処理が行われる場合も少なくない。木簡であれば、出土した際には地下水の供給によって乾燥による崩壊から守られてきたため、発掘後はつねに水漬けの状態におかなければならないが、真空凍結乾燥という方法によって、形をくずさないようにして水分をぬきとってから、木材の繊維を支える樹脂などの物質を浸透させることによって、水漬け状態から解放されて空気中での保存が可能になる。近年では、木材の強度を支える物質をとかしこんだ濃度の違うアルコールに、物質の濃度の薄いほうから順に漬けかえていきながら、水分をぬきとりつつ木材の補強を強めていくといった方法もとられるようになっている。金属製品の場合には、錆を取り除いたあと、表面に樹脂を塗って、補強するとともに再度錆によって腐食することを防ぐ措置がとられる。こうした科学的保存処理をへれば、資料本体の強度は高まり、長期の保存にもたえられるようになる。

しかし、科学的保存処理には費用がかかる。出土したすべての木簡にこのような保存処理をほどこすことは、まず経費の面から不可能であり、数%の木簡が選ばれて保存処理をほどこされているというのが現状である。他の木簡は、水漬け状態におかれて保管されているが、この場合にも、水中でのカビの発生を防ぐためによりよい条件が模索され、ホウ酸とホウ砂《しゃ》の水溶液が用いられたりしている。

②—出土文字資料が明らかにする古代社会

史書の記述を裏づける

出土文字資料の発見によって、古代の社会のどのような面が明らかにされてきただろうか。一つには、これまですでに文献によって知られていたことが、モノとしての具体的な資料の出現によって裏づけられることがある。八世紀末の蝦夷《えみし》▲征討を題材にして、資料を紹介しよう。

奈良時代末の七八〇(宝亀《ほうき》十一)年、東北地方で起きていた蝦夷の蜂起を鎮圧するため、政府は大規模な征討事業に取り組んでいた。現在の宮城県北部にあたる地域に政府の拠点として覚鱉城《かくべつじょう》▲を建設し、北上《きたかみ》盆地への侵攻を準備していたのである。このとき、建設事業に動員された蝦夷と、中央から派遣された役人とのあいだで対立が起きた。地元の蝦夷の首領である伊治呰麻呂《いじのあざまろ》▲が反乱を起こし、按察使《あぜち》の紀広純《きのひろずみ》▲を殺害したうえ、陸奥国府《むつこくふ》であった多賀《たが》城を焼討ちにしたのである。多賀城跡の発掘調査によって、この襲撃で焼け落ちた痕跡がみつかっている。さらに、多賀城跡政庁地区西南部の発掘調査で大量にみつかっ

▼**蝦夷**　律令支配に組み込まれていない北方の人びとをさす。

▼**覚鱉城**　七八〇(宝亀十一)年に陸奥按察使紀広純が造営を始めた城柵。現在の宮城県北部にあったとみられるが未詳。

▼**伊治呰麻呂**　生没年不明。奈良時代後期の蝦夷の首長。七八〇(宝亀十一)年に、陸奥国栗原《くりはら》郡大《だい》領《りょう》として覚鱉城造営に従事したが、紀広純らと対立して反乱を起こし、多賀城を焼討ちにした。

▼**紀広純**　?〜七八〇年。奈良時代後期の官人。道鏡《どうきょう》政権下で左遷されるが、七七四(宝亀五)年以後、鎮守《ちんじゅ》副将軍、陸奥守《かみ》、按察使を歴任。伊治呰麻呂の乱で殺害される。

▼**胆沢城**　現在の岩手県奥州《おうしゅう》市にあった陸奥国の城柵。八〇二(延暦二十一)年に設置。多賀城から鎮守府が遷され、陸奥国北方を管轄した。

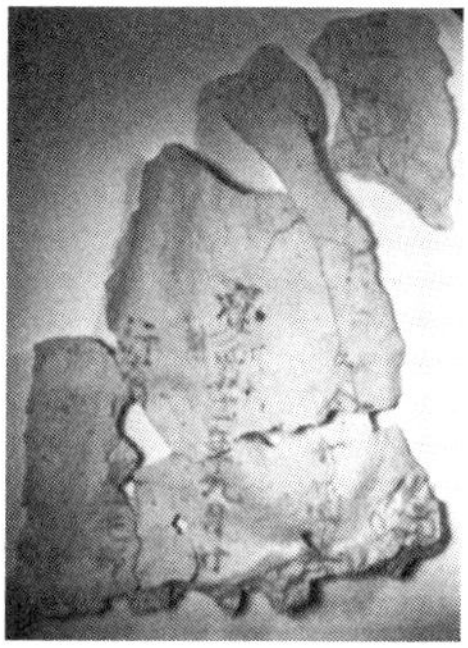

●――図21　宝亀十一年の漆紙文書(多賀城第一号漆紙文書)

▼**志波城**　現在の岩手県盛岡市西部にあった陸奥国の城柵。八〇三(延暦二十二)年に設置。雫石《しずくいし》川沿いのため水害をこうむり、八一一(弘仁二)年に南方の徳丹城に移転。

▼**徳丹城**　現在の岩手県紫波郡矢巾町にあった陸奥国の城柵。八一一(延暦二十二)年に志波城を移転して設置。九世紀中ごろにはすたれたとみられる。

た一群の漆紙《うるしがみ》文書には、宝亀十一年から延暦《えんりゃく》二(七八三)年までの、反乱直後の年紀が記されていた。多賀城焼討ち後の復興では、大量の資材が消費されただろう。漆は建築部材の塗料として大量に使われる。建築現場で棄てられた漆のふた紙は、急いで調達されてきた反故《ほご》書類であり、もとはそのころ使われていた書類であった。反乱直後の年を記した文書群は、反乱による焼討ちを裏づけ、急遽進められた大規模復興事業を物語っているのである。

延暦年間(七八二〜八〇六)になると、蝦夷征討の舞台は現在の岩手県に移る。北上盆地の蝦夷を配下におさめた政府は、八〇二(延暦二十一)年に胆沢《いさわ》城▲、翌八〇三(同二十二)年に志波《しわ》城▲を建設し、現在の盛岡市にまで拠点を北進させた。しかし、志波城は水害をこうむることが多いため、早くも八一一(弘仁《こうにん》二)年に移転することとなり、南東へ一一キロほどの地に徳丹《とくたん》城▲が建設された。現在の紫波《しわ》郡矢巾《やはば》町にあたる。この徳丹城跡に隣接する館畑《たてばたけ》遺跡から、「別将」と記された墨書土器《ぼくしょどき》が五点まとまって出土した。他の遺跡ではこれまでまったく知られていない、出土文字資料としても珍しい文言である。しかし、史書には少ないながらも登場していた用語であった。『続日本紀《しょくにほんぎ》』延暦八(七八九)年六月甲《こう》

●—図22　館畑遺跡の墨書土器「別将」

▼**征東将軍**　八世紀末の蝦夷征討に派遣された将軍の名称。七九三(延暦十二)以降は征夷将軍の号となる。

戌《じゅっ》条には、征東《せいとう》将軍▲に率いられた政府軍のなかの、各部隊を率いる部隊長の用語として「別将」がみえている。延暦年間の征夷《せいい》に関する史料では、『続日本紀』のこの部分にしか「別将」という用語はみられないため、実際にはどのように「別将」が機能したのかはわからない部分が多い。しかし、徳丹城の時期の遺跡から、実際にこの言葉の記された墨書土器がみつかったことで、征夷軍のなかで実際に使われていた用語だったことが明らかになったのである。これらの墨書土器は、「別将」が蝦夷平定ののちには徳丹城に駐留していた可能性も示している。

史書の記述に反する

以上のように、文献の内容を裏づける出土文字資料がみつかることがある一方で、文献の記述とは異なる内容をもつものがみつかる場合もある。発掘調査では、出土した土層が厳密に確認され、それによって資料の埋まった時代がわかるので、後世に手を加えられていないこともわかる。手の加えられなかった資料であれば、当時なされていたそのままの表記を残しているのであり、その表記と、伝えられてきた文献の表記が異なるとすれば、なんらかの形で文献の表記に手が加えられた可能性を考えなければならない。

一例として、難波宮《なにわきゅう》跡出土木簡《もっかん》を紹介しておきたい。難波宮跡は現在の大阪市中央区法円坂《ほうえんざか》の辺りにあった。二時期に分かれる遺構が重なっており、後期難波宮は、八世紀前半に聖武《しょうむ》天皇▲の命《めい》によって造営された宮殿《きゅうでん》である。下層の前期難波宮は、後期よりも大規模で、七世紀半ばの難波長柄豊碕宮《ながらとよさき》▲に比定する説が有力である。この難波宮の中心部から北西に五〇〇メートルほど離れた地点で、三〇〇点ほどの木簡が出土した。宮殿の周囲には官衙《かんが》や倉庫の存在が考えられ、この木簡もそうした部署で使われたものだろう。この時期、孝徳《こうとく》天皇▲は難波長柄豊碕宮におり、難波はいわば首都であった。これらの木簡は政府のお膝元で使われたものということができる。

みつかった木簡のなかに、図23のようなものがあった。「戊申《ぼしん》年」という干支《かんし》年紀がみられるが、七〇一(大宝《たいほう》元)年以降、年号の使用が定着することからみて、この年紀は七世紀以前の表記とみられる。共伴して出土した土器の様式からは六世紀代のものとは考えにくく、この「戊申年」は七世紀半ばの西暦六四八

▼**聖武天皇**　七〇一〜七五六年。文武天皇と藤原宮子《みやこ》の子。七二四(神亀《じんき》元)年に即位し、七四〇(天平十二)年から遷都《せんと》を繰り返す。国分寺《こくぶんじ》や大仏《だいぶつ》の造立《ぞうりゅう》を発願《ほつがん》した。

▼**難波長柄豊碕宮**　六四五年から造営された孝徳天皇の宮。六八六年、火災で焼失。

▼**孝徳天皇**　五九六?〜六五四年。六四五年の乙巳《いっし》の変の後、皇極《こうぎょく》天皇から譲位《じょうい》されて即位。治世下で改新諸政策が実施される。

●——図23　難波宮跡の木簡「戊申年」(部分)

▼『日本書紀』　七二〇（養老《ようろう》四）年成立。六八一（天武天皇十）年に始められた史書編纂事業によってつくられた、日本で最初の歴史書。神代《じんだい》から書きおこし、持統《じとう》天皇の時代までを扱う。

年に相当すると考えられる。『日本書紀《にほんしょき》』▲では、六四五年以降、「大化《たいか》」と「白雉《はくち》」という年号を使った表記がみられ、六四八年は大化四年にあたる。政府のお膝元にもかかわらず、「大化」の年号は使われていないのである。『日本書紀』には年号を定めたとあるが、実際には使われなかったか、あるいは限られた機会にしか使われなかったか、さらに憶測を広げればこれらの年号の制定自体も疑わしいと考える余地がある。

このように、出土文字資料は文献に伝えられてきたとおりの「歴史」を示すものとはかぎらない。文献と矛盾する点がみいだされるならば、史実を明らかにするためには、その矛盾を徹底的に検討しなければならない。ただし、このとき、出土文字資料が当時の表記そのものを、後世の人間が手を加えることなく残していることが、重要である。①章で述べたように、ゴミであるがゆえに当時の日常の表記そのままを残しているのであり、史書のように手の加わった形でなく、より真実を伝えているのは出土文字資料のほうなのである。

律令と出土文字資料

このような見方から、歴史書の内容の評価だけでなく、奈良時代の法であった律令《りつりょう》▲によって、人びとがどのように規制されていたのか、法の運用の実態を探ることもできる。

①章でも紹介した長屋王家《ながやおうけ》木簡の一群のなかに、「長屋親王宮《しんのうのみや》鮑《あわび》大贄《おおにえ》十編」という荷札木簡がみつかった。長屋王は天武《てんむ》天皇▲の孫にあたる。父の高市皇子《たけちのみこ》▲は天武天皇の子なので、律令規定では「高市親王」という称号になるはずだが、彼は大宝律令施行より前になくなったため、生前に「高市親王」と呼ばれた痕跡はない。その子である長屋王は、天皇から二世代離れており、律令規定では「親王」ではなく「王」という称号となる。つまり、彼の生きていた時代の法制では、「長屋王」と呼ぶのが正しい。しかし、それにもかかわらず、大宝律令の施行されていた平城京のなかから、「長屋親王宮」という木簡がみつかったのである。この木簡群が発見された際の新聞報道では、やはり図24の木簡が大きく取り上げられた。長屋王が「親王」と呼ばれていたことは、いろいろな意味でショックだったのである。その後、大量の木簡群の整理と釈読《しゃくどく》が進められた結果、

▼**律令**　中国をまねて七世紀後半から編纂されるようになった基本法典。唐の律令を範として、七世紀段階では令のみが編纂されたが、七〇一(大宝元)年に施行された大宝律令では律もそろった。

▼**天武天皇**　六三一?〜六八六年。天智《てんじ》天皇没後の皇位継承争いのなかで起きた壬申《じんしん》の乱に勝利して即位。治世下で七世紀末から八世紀初頭にかけて展開する国家体制の基礎が築かれる。

▼**高市皇子**　六五四?〜六九六年。天武天皇の子。壬申の乱で活躍した後、持統天皇の代に太政《だいじょう》大臣《だいじん》をつとめる。

●——図24　「長屋親王宮鮑大贄十編」の木簡

●——図25　長屋王家木簡の「若翁」と「帳内」（平城京木簡第一六八八号、部分）　二行目に「弥努若翁」、三行目に「林若翁帳内」とみえる。

「長屋親王」と記された木簡、あるいは断片ながらそう考えられる木簡は、計六点みつかった。図24の木簡は、もはや例外として片づけることはできない。

　長屋王家木簡のなかには、ほかにも、律令の規定と照らしあわせてみると、よくわからないものがある。その一つが、「若翁」という表記である。「若」と「翁」は、現代の感覚では矛盾する漢字がならんだ熟語だが、木簡群のなかに頻繁にみられ、長屋王の子どもたちにつけられた呼称らしい。女性にも「若翁」とつけられていて、老齢の男性を意味する「おきな」とは違った意味で「翁」の字が使われている。このような呼称自体、長屋王家木簡が発見されるまではまったく知られていなかった。もちろん、これは呼称として公的に定められたものではない。長屋王の子どもたちは、天武天皇から三世代離れるが、公的には父と同様に「王」、女性の場合には「女王」と称するよう規定されている。「若翁」は、あくまで私的な呼称ということができるだろう。長屋王邸内だけの呼称なのか、当時の貴族の子どもたちにとって一般的な呼称なのか、今後の類似の木簡群の発見が待たれるところである。

　また、長屋王家木簡のなかには「帳内《ちょうない》」▲という肩書きの者が多数知られる。律

▼帳内　律令制下で親王と内親王にあたえられた従者。六位以下の者の子や庶人の子を採用。

令規定では、「帳内」は親王・内親王に国家からあたえられる従者の名称である。長屋王は「王」であるため、律令の規定では「資人《しじん》」と呼ばれる従者があたえられるにすぎない。長屋王の妻である吉備《きび》内親王は、元明《げんめい》天皇の娘として内親王であり、彼女の従者は「帳内」である。したがって、長屋王邸のなかの「帳内」には吉備内親王の帳内が含まれるとまず考えられるが、それにしても「帳内」の割合が多く、「資人」はほとんどみられない。①章で紹介したような長屋王家への公的な書類が含まれる木簡群なら、長屋王自身の資人がもっと登場していてもよいはずである。こうした状況から考えると、表記上の「帳内」には長屋王の資人も含まれているのではないだろうか。内親王の帳内と王の資人とは、公的には厳密に区別して書き分けられなければならない。ところが、この木簡群にあらわれた世界では、両者が区別なく同じ肩書きで記されていた可能性がある。

以上のように、律令の規定どおりに用語が使われていないならば、そのことをどのように理解すればよいだろうか。そのためには、この木簡群がどのような性格であるかを考える必要がある。長屋王家木簡は、長屋王邸の敷地内に掘られた長大な土坑《どこう》に、まとめて廃棄された状態でみつかった。平城京に邸宅が

▼資人　律令制下で位階・官職に応じてあたえられた下級職員。五位までの位階をもつ者、および大臣・大納言《だいなごん》・中納言にあたえられた。

▼吉備内親王　?〜七二九年。草壁《くさかべ》皇子と元明天皇の子で、長屋王の嫡妻となるが、七二九(神亀六)年の長屋王の変で、王とともに自害。

▼元明天皇　六六一〜七二一年。天智天皇の子で、草壁皇子の妃、文武天皇の母。文武天皇から譲位され七〇七(慶雲四)年に即位し、七一五(和銅《わどう》八)年に娘の元正《げんしょう》天皇に譲位。

建てられて数年のある時期に、邸内の木簡をまとめて廃棄する、いわば大掃除のようなことが行われたようである。広大な邸宅内の各部署で使われていた木簡が、ここに集められて棄てられた。みつかった三万五〇〇〇点余りのなかには、①章で紹介した雅楽寮《ががくりょう》からの公式文書のように、邸宅外からのものもまじってはいるが、ほとんどは長屋王家内部の書類である。「若翁」や「帳内」と書かれたものも、家政機関内で食糧や物品を管理していた部署と、個人とのあいだの、食糧・物品の請求や支給に関する文書とみられる。いずれも、長屋王家という貴族の「家」のなかでのやりとりで書かれた木簡なのである。

もちろん、この「家」は、長屋王とその家族だけからなるものではなく、彼らの世話をするために設けられた組織として、複数の役人や、吉備内親王の帳内や長屋王の資人、それに奴婢《ぬひ》▲といった、家の活動に加わるたくさんの人びとが含まれた経営体である。この経営体のなかでは、いわば一つの世界として共有している、日常用語なり慣例の文書なりがあっただろう。長屋王家木簡には、そうした「家」の内部の用語がみえている。公的には律令どおりに使わなければならない言葉であっても、「家」のなかでの使い方に規制は少なかったのだろう。

▼奴婢　律令制下で規定された隷属身分。国家所有の官奴婢と個人所有の私奴婢があり、長屋王のような貴族は私奴婢を保有した。

長屋王の資人に「帳内」と使っていたり、王である長屋王を「親王」と書いていたりするのは、非公式に使われている邸宅内部の用語とみるべきだろう。したがって、こうした木簡群のなかにみえるやりとりに、律令の規定を厳格にあてはめて理解するのは、曲解といわざるをえない。現代でも、法律が厳しく適用される文書がある一方で、日常のメモ書きの言葉に法律を意識して使う人はいないだろう。法が遵守される書類の世界と、法の規制がゆるやかな文書の世界が、古代においても当然ながら存在するのである。

説話と出土文字資料

長屋王家の用語を考えるうえで、興味深い文献が一点ある。九世紀初頭に編まれたと考えられている仏教説話《せつわ》集『日本霊異記《にほんりょういき》』▲のなかに、長屋王が僧を打った悪人として登場するが、そこでは「長屋親王」と記されている。長屋王家木簡がみつかるまで、この説話のみに知られた「長屋親王」という書かれ方は、説話集であるため厳密な用語ではなく、荒唐無稽《こうとうむけい》な話のなかでの用語として使われたにすぎないと理解されていた。ところが、それと同じ用語が長屋王家木簡

▼『日本霊異記』　薬師寺《やくしじ》の僧景戒《けいかい》の撰述で、九世紀前半の完成。仏教の因果応報《いんがおうほう》にかかわる説話を一一六話載せる。

によって出土し、実際に使われた言葉として理解できるようになったのである。律令が適用される公式記録とは別な、その外側に存在する日常のさまざまなやりとりのなかで使われる用語の世界が、説話の表記に影響しているとみなければならないだろう。

　文献と出土文字資料のどちらも、歴史を考えるうえで貴重な史料であることはもちろんである。しかし、長屋王家木簡のような存在があることから考えてみれば、公的記録を素材とした文献が絶対ではないことがわかるであろうし、説話のように内容が史実とは考えにくいものであっても、使われている用語などは当時の日常世界を反映している可能性は高いのである。歴史を考えるうえでは、現代の私たちは、まとまって残っている公的記録に、つい価値を重くみてしまいがちである。出土文字資料は、過去の世界を考えるうえで、公的記録を数ある史料のなかの一つとして相対化して考えるためにも、貴重な史料である。

役人の日常世界

出土文字資料が、当時の人びとの日常目にしている情報を残しているものであるならば、そこには歴史書や法令、さらには宮廷の記録などにはでてこない、下級役人や庶民、さらには地方の世界を知る可能性が秘められている。こうした分野は、文献のなかには限られた形でしか情報がくみとられておらず、政府の立場からの叙述ではなかなかあらわれない面がある。そのような人びとの実態を明らかにするという点は、出土文字資料の独壇場といっても過言ではないかもしれない。

たとえば、役人の勤務評価である考課にかかわる木簡資料がある。平城宮《へいじょうきゅう》の南辺東端に位置する付近からは、大量の削り屑を含む一万七〇〇〇点以上の木簡がみつかっており、そのなかに役人の考課にかかわるもの（図26）がたくさんみられたことから、式部省《しきぶしょう》▲とそれに付随する官衙跡とみられている。奈良時代の役人の勤務評定は、毎年の官人《かんじん》の勤務状況などがまとめられたのち、それぞれの役人が属する各官司《かんし》ごとにデータがまとめられ、最終的には式部省と兵部省《ひょうぶしょう》▲に提出された。式部省は文官《ぶんかん》の人事を、兵部省は武官《ぶかん》の人事を扱って

▼**式部省**　律令制下の中央官司。文官の人事を担当。

▼**兵部省**　律令制下の中央官司。兵制や武官の人事を担当。

おり、個々人の毎年の勤務評価についての大量のデータが処理される。平城宮南面大垣のすぐ内側を流れる溝跡から、個人名と出勤日数を記した木簡がみつかっており、勤務評価のための基礎データを記したカードのようなものと考えられる。しかも、この類の木簡は側面を貫通する穴があけられており、そこにひもをとおして木簡を横にならべるように綴《と》じて使ったようである。個々人の出勤状況を記録した木簡を何枚も横にならべて、あたかも一覧表のようにし、ある場合にはカードの位置を入れかえたりといった作業をしながら、多くの役人の勤務評価の報告書をまとめていったのだろう。

役人たちが、ふだん勉強していた内容も、木簡から明らかになる。大宰府《だざいふ》からは『魏徴時務策《ぎちょうじむさく》』を習書《しゅうしょ》した削り屑がみつかっている（図27）。魏徴▲は七世紀の唐《とう》の重臣で、『群書治要《ぐんしょちよう》』▲を編んだことでも知られる。『時務策』とは主題別に策問《さくもん》とその答をまとめたもので、さまざまな政治課題への指針が記された書物である。おそらく、官吏登用試験の課題ともなる策問に向けて勉強するための実用書として書写されたのであり、このように役に立つ内容の書物が、ふだんからまわりにおかれていたのだろう。

▼**魏徴**　五八〇～六四三年。中国唐代の重臣。二代皇帝の太宗《たいそう》に仕え、史書の編纂などにも活躍した。

▼**『群書治要』**　六三一年成立。中国唐代に編纂された政治に関する書物。晋《しん》代までの典籍《てんせき》から政治に関する記事を集めて分類編集。

●—図26　考課にかかわる木簡（平城宮木簡第六三八〇号）

●—図27　『魏徴時務策』の習書（大宰府木簡第二五号）

●—図28　二条大路木簡の習書

一方、都《みやこ》のなかでも興味深い習書がみつかっている。二条大路《にじょうおおじ》木簡▲の削り屑のなかに、図28のようなものがみつかった。いくつかの断片に分かれているが、断片に記された文章をつなぎあわせてみると、つぎのようになりそうである。

ム国司《こくし》解申副物欠少事
右、去年陽旱、五穀不登、老小飢饉《ききん》、四方求食。此往彼堺、彼来此間。輸丁……物欠々小々之数、顕注如件。仍具事状、便付調使位姓名申送。謹解。

この文書の内容は地方から中央への報告書だが、実際に報告した文章そのものではなく、「ム国司」(＝某国司)や「調使位姓名」のように、実名がはいるべき部分に実名がでてこないので、文例見本のようである。都の真ん中から、地方からの報告書の文例を練習した削り屑がでてくるのは、どういう理由だろうか。

都にはさまざまな境遇の人びとがいるが、こうした文章を練習したのは、役人としての出世をめざした、若手の見習い役人たちらしい。彼らは舎人《とねり》▲・資人として数年間勤務したのち、うまくいくと諸国国司▲の下級官人に配属となる。この任務をまっとうして都に戻ってくると、さらに中央官庁で取り立てられ出世

▼**二条大路木簡**　平城京二条大路の南辺と北辺にそって掘られた長大な土坑に廃棄された木簡群。三万八〇〇〇点を超え、七三五～七三六(天平七～八)年のものが多い。北側の二条二坊五坪邸宅跡と南側の三条二坊八坪邸宅跡から廃棄されたとみられる。

▼**舎人**　律令制下の下級職員。内《う》舎人・東宮《とうぐう》舎人・中宮《ちゅうぐう》舎人は、それぞれ天皇・東宮・中宮に仕え、大《おお》舎人は左右の大舎人寮に勤務する。

▼**国司**　諸国の行政を担当する官司。長官の守《かみ》、次官の介《すけ》、判官の掾《じょう》、主典の目《さかん》から四等官《しとうかん》が構成され、その下に書記官としての史《し》生《しょう》がいる。

●──図29　威奈大村骨蔵器

▼威奈大村　六六二〜七〇七年。奈良時代初期の官人。文武天皇の代に少納言《しょうなごん》となる。

▼宣化天皇　六世紀前期の天皇。継体《けいたい》天皇の子。安閑《あんかん》天皇の弟にあたり、安閑天皇ののちに即位。

▼文武天皇　六八三〜七〇七年。天武天皇・持統天皇の孫。草壁皇子・元明天皇の子。大宝律令を施行するなどしたが、治世一一年で崩御《ほうぎょ》。

コースを歩んでいくことになる。この習書は、将来の出世を夢みる若者が、地方官のポストに就いたときのために、地方官が使う文書のひな形を練習していたのであった。

　諸国の行政を統《す》べる国司には、中央の官人が任命されて赴任する。自身がふだん生活していた都の地を離れ、四年ほどの任期を地方ですごすことになる。任期をまっとうすれば、別の職に遷ることになり、都へ戻る場合も多い。しかし、なかには赴任先の国でそのままなくなることもあった。七〇五(慶雲《けいうん》二)年十一月に越後《えちご》城司《じょうし》に任じられ、越後国に赴任した威奈大村《いなのおおむら》▲の場合、その一年半後の七〇七(同四)年四月に、その城でなくなったと、骨蔵器《こつぞうき》に記されている。現在知られる骨蔵器としてはもっとも長い文章が彫り込まれており、同年十一月に大和《やまと》国葛城下《かつらぎのしも》郡にほうむったことを伝えている。赴任先でなくなってから、変わり果てた姿で都までの道を送られたのであった。宣化《せんか》天皇▲の子孫としての血筋に生まれ、文武《もんむ》天皇▲の侍従《じじゅう》までつとめながら、四六歳の働き盛りのうちに遠方の赴任先でなくなったことは、彼の親族にとって、どれほどショックであったか想像にかたくない。念入りにつくられ鍍金された黄金色に輝く骨蔵器が、彼の死を悼む縁者の悲しみを語っている。

庶民の世界

歴史書などの文献には、政治の中心に近い人びとの動向は描かれているが、庶民のかかわる世界はなかなか描きだしてはくれない。六国史《りっこくし》は国家の歴史としてまとめられたものであるから、庶民の生活が描かれることはまれであり、格《きゃく》▲のような法令にも、国家にとってとくに問題のないかぎり、日常のようすはとくに取り上げられることはない。どのように人びとが把握されていたかといった点や、暮しのなかでどのような文字情報にふれていたのかといったことは、その当時に記された実物から明らかになる。日常ごくあたりまえのものとして、保存されることなく廃棄された出土文字資料が、こうした面を解明する有力な史料となるのである。

多賀城市山王《さんのう》遺跡からみつかった第三号漆紙文書(多賀城市埋蔵文化財調査センター調査分)は、人びとに対する賦課のための基礎資料となった計帳歴名《けいちょうれきみょう》▲である(図30)。この歴名のなかの二九歳の財部得麻呂《たからべのとこまろ》という者に注が付され、そ

▼格　律令法の一種。律令規定の修正や補足のためにだされる単行法令をさす。

▼計帳歴名　律令制下で、調庸《ちょうよう》や雑徭《ぞうよう》を賦課するための基本台帳として、戸ごとに毎年、計帳がつくられるが、戸ごとに人名を列記したものが計帳歴名。これをもとにして国ごとに賦課対象者数などの数値統計をまとめた大帳もつくられる。

●——図30　山王遺跡第三号漆紙文書

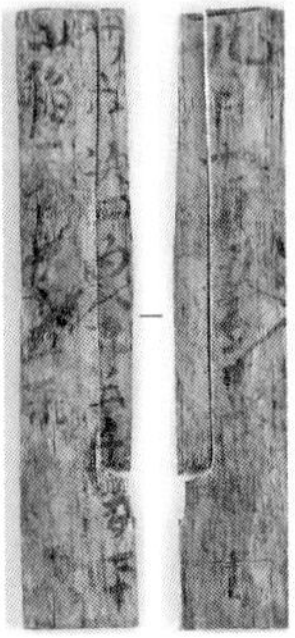

●──図31　小敷田遺跡第三号木簡

▼出挙　稲や銭などを貸し付けて、利息を付けて返却させること。国家が運用する公出挙と、個人による私《し》出挙に分けられる。

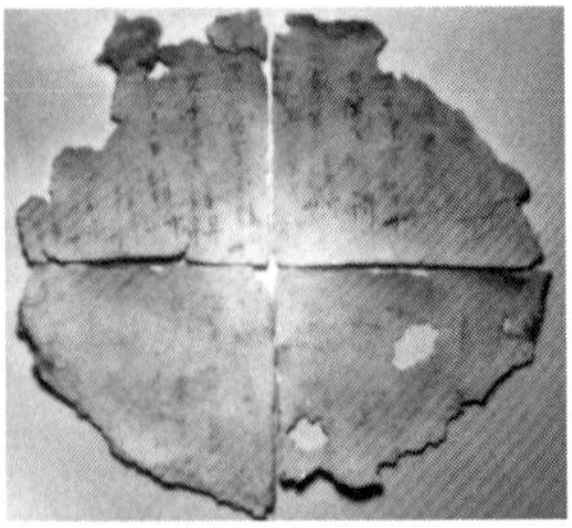

●──図32　鹿の子C遺跡第174号漆紙文書

の注には「駅家里《うまやのさと》の戸主丈部祢《はせつかべのね》麻呂《まろ》に割附して戸《こ》と為す」とみえる。すなわち、得麻呂が本来の戸から登録替えされて、この戸の属する里とは別の駅家里の戸に移されたことが知られる。駅家里は、おそらく駅家を維持するために編成された里で、付近の戸からこうして何人もの労働力を集めていた。地方と中央を結ぶ情報網としての駅の制度は、このように、各地の戸から引きぬいた成人男子を編成して、維持されていたことがわかってきたのである。

　また、人びとが毎年切実に直面していたこととして、稲の借り受けの問題がある。春に種籾となる稲を借り受け、秋に利息をつけて返却する出挙《すいこ》▲の制度は、毎年人びとが借り受けることを前提として成り立っている。さらに、国家が貸しつける公《く》出挙は、多くの人びとに貸しつけて利息を集め、これが諸国経営のための財源とされたのである。毎年の歳入を確保するためには、人びとに一定量の稲を出挙することは、ごくあたりまえの役所の仕事となる。そのような実情を背景として、出土文字資料のなかにも、出挙に関係するものは多くみられる。埼玉県行田《ぎょうだ》市小敷田《こしきだ》遺跡の第三号木簡(図31)にはつぎのようにみえる。

・九月七日五百廿六□四百

●—図33　呪符木簡の例（厨川谷《くりやがわや》地《ち》遺跡第五号木簡）

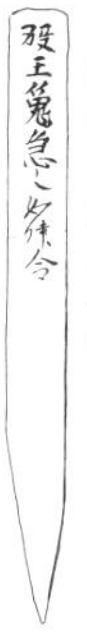

●—図34　庄作遺跡の墨書土器「国玉神奉」

・卅六次四百八束并千□〔三カ〕百七十
　小稲二千五十五束

木簡の表側から裏側右行にかけて、五二六束＋四三六束＋四〇八束＝一三七〇束という計算がなされ、裏側左行の二〇五五束は、一三七〇束を一・五倍した数値である。九月七日という時期から考えて、収穫後の稲の収納にかかわるものであり、一三七〇束の稲に対して、利息を五割とすると一・五倍の二〇五五束がおさめられる予定額となる。この木簡は七世紀末から八世紀初頭のものであるが、そのころは五割の利息で出挙が運用されていたのである。また、鹿《か》の子《こ》C遺跡第一七四号漆紙文書（図32）には、三月に二〇束、五月に二〇束借りた女性が、九月二十二日に三〇束は返したものの、残りを九月二十八日に麻布二段でおさめたことが記されている。麻布の流通していた東国《とうごく》では、秋の収納の時期になって、麻布で代納することもあったことがうかがわれる。いずれも、実際の出挙の管理の際に記されたものという点で、具体的な姿を語っている。

出土文字資料からは庶民の信仰もうかがわれる。呪文《じゅもん》や符号を書いてまじないに使ったとみられる木簡は、各地の遺跡から出土しており、呪符《じゅふ》木簡と呼ば

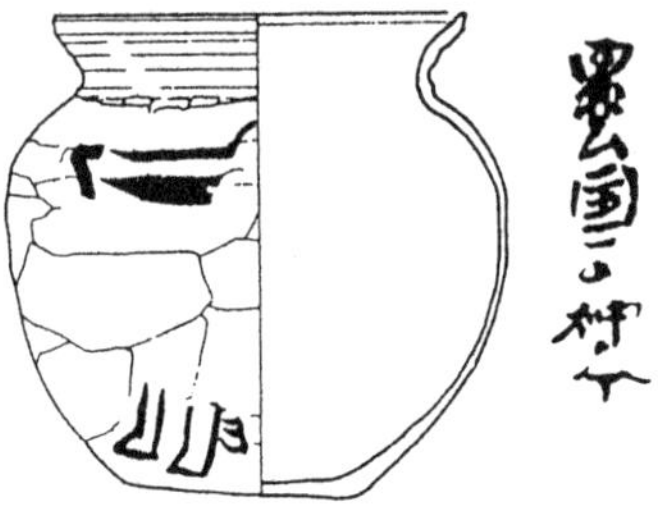

●——図35　庄作遺跡の墨書土器
「罪ム国玉神奉」

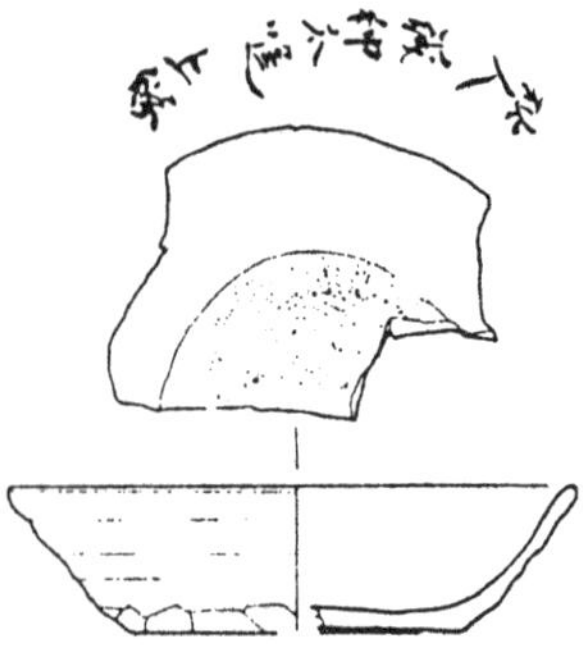

●——図36　庄作遺跡の墨書土器
「秋人歳神奉進」

れている。みつかっているまじないの符号は、それが一体どのような目的なのか、今日ではわからなくなってしまったものがほとんどだが、各地で発見される事例の広がりからは、当時の人びとが、さまざまな機会にまじないの札を使っていたことがわかる。

墨書土器のなかにも、まじないに使われたとみられるものは多い。たとえば、千葉県山武《さんぶ》郡芝山《しばやま》町庄作《しょうじゃく》遺跡からみつかっている「国玉神奉」と書かれた土器は(図34)、国玉《くにたま》神(＝国魂神)にささげものをした際に使われたのだろう。また、同遺跡からは「罪ム国玉神奉」(＝罪無国魂神奉)と書かれたものや(図35)、「上総《かずさ》……秋人歳神奉進」と書かれたものなど(図36)、神にたてまつるという文言のものが複数みられる。さらに、「冨」「財」「万」「吉」「福」のような言葉を記したものも各地でみつかっており、墨書土器にはそうした願いを書いてささげる使い方があったらしい。土器は日常の食器として使われるものであり、食事を盛りつける道具に願いごとを書いてささげたということができる。

もちろん、空っぽの器よりは、食事を載せてささげると考えたほうがよいだろう。『日本霊異記』のなかには、病気になった者が鬼神《きしん》に食事を提供し、鬼神はその恩にむくいるために、冥界《めいかい》へ別人を連れていくことにするという説話がみられる。墨書土器は、目に見えない鬼神に食事を供することによって取引をし、自身の願いを実現させるための一つの手段と考えられていたようである。

地方社会の実相

中央を中心とした歴史書などの文献史料からは、なかなか窺い知ることができないという点では、地方社会に関する情報も、出土文字資料に期待される点が大きい。

十世紀に編纂された百科辞書である『和名類聚抄《わみょうるいじゅうしょう》』▲には、全国の国郡郷《こくぐんごう》の名称が網羅的にあげられており、古代の郷名を知るうえで、体系的な唯一の史料といってよい。これより前の時期について体系的にわかる史料はなく、十世紀より前の段階の郷▲の編成は、『和名類聚抄』を頼りに、そのなかの郷名をさかのぼらせて想定するしかなかった。しかし、各地での発掘調査の結果、八世紀や九世紀には、『和名類聚抄』にみられない郷が存在したことがわかってきた。たとえば、福島県いわき市小茶円《こちゃえん》遺跡からは「判祀郷」と記された八〇六（大同《だいどう》元）

▼**『和名類聚抄』**　源順《みなもとのしたごう》撰。十世紀前半に編纂された日本最古の辞書・辞典。

▼**郷**　地方行政のための組織の一つ。律令では五〇戸で一里《り》を構成するよう規定しているが、大宝律令施行後、七一七（霊亀《れいき》三）年ごろ国郡郷里の四段階の組織となり、それまでの里が郷となった。七四〇（天平十二）年ごろ、郷の下の里は廃され、国郡郷の三段階となる。

●図37　小茶円遺跡の木簡「判祀郷」（部分）

●図38　山田遺跡の木簡「甘祢郷」（部分）

●──図39　上神主・茂原遺跡の文字瓦「酒部」(左)・「雀部」

▼郡符　郡司から郡内に対してだされる公的命令書。木簡としてみつかっている事例が多い。

▼郡司職田　郡司四等官が任にある期間中、国家からあたえられる田地。大宝令では郡司職田、養老令では郡司職分田《しきぶんでん》という。

●──図40　荒田目条里遺跡第二号木簡(部分)

年の木簡がみつかったが(図37)、この郷名は『和名類聚抄』にはない。この地にあたる磐城《いわき》郡の郷は、九世紀以降に、『和名類聚抄』にみられる郷に編成替えがなされたのだろう。また、山形県鶴岡《つるおか》市山田《やまだ》遺跡からみつかった木簡には「甘祢郷」と書かれていた(図38)。『和名類聚抄』では、写本によって表記が分かれ、「其弥」と書いたり「甘祢」と書いたりしており、この木簡がみつかるまでは、どちらが正しいのかがわからなかったが、木簡はその問題を一気に解決させることになった。実物の威力である。

栃木県宇都宮《うつのみや》市から河内《かわち》郡上三川《かみのかわ》町にかけての上神主《かみこうぬし》・茂原《もばら》遺跡は、河内郡の郡家《ぐうけ》の遺跡である。ここからは、建物の屋根を葺《ふ》いていた瓦が大量にみつかり、人名がヘラ書きされたものも多数あった。郡家の建物であることからすると、郡内の人びとが瓦生産の場に動員されて瓦を調達したのであろう。すなわち、瓦に記された人名は、郡内にどのような氏姓の人びとが居住していたかを示す史料でもある。それによれば、「酒部《さかべ》」「雀部《さざきべ》」などの氏姓が多く分布していたことがわかり(図39)、この地域の特徴を、居住者集団の点から詳しく明らかにしていくことができるようになった。

地域社会を明らかにするうえで、郡の行政がわかる史料も注目される。福島県いわき市荒田目《あっため》条里《じょうり》遺跡の第二号木簡は（図40）、郡符《ぐんぷ》▲であり、文面からすると、里刀自《さととじ》以下三四人を郡司職田《ぐんじしきでん》▲の田植えへ動員することを命じたものらしい。筆頭に里刀自があげられていることからすると、招集された人びとのリーダーとなっていたのは里刀自のようである。里刀自とはおそらく里長《りちょう》（この時期には郷長《ごうちょう》）の妻であり、郡司による労働力徴発の際に、こうした命令が里長でなく女性の里刀自に送られたことは興味深い。里における女性リーダーとして、仕事の内容によっては、里長よりも里刀自が担当することもあったのだろう。

石川県河北《かほく》郡津幡《つばた》町加茂《かも》遺跡でみつかった第五号木簡は、図41のようなものであり、二七行にわたって、郡司からの命令が記されていた。上端に二カ所、四角い穴があり、江戸《えど》時代に往来の要所に掲げられた高札《こうさつ》のように、この板を吊して付近の住人たちに命令内容を明示したようである。加茂遺跡は河北潟の東に接する地であり、また古代北陸道《ほくりくどう》▲がみつかっているなど、水陸交通の結節点でもあることから、このような牓示札《ぼうじふだ》が掲げられていたのだろう。内容は、「朝は寅《とら》の時を以て田に下り、夕は戌《いぬ》の時を以て私に還るの状」など、人びとの

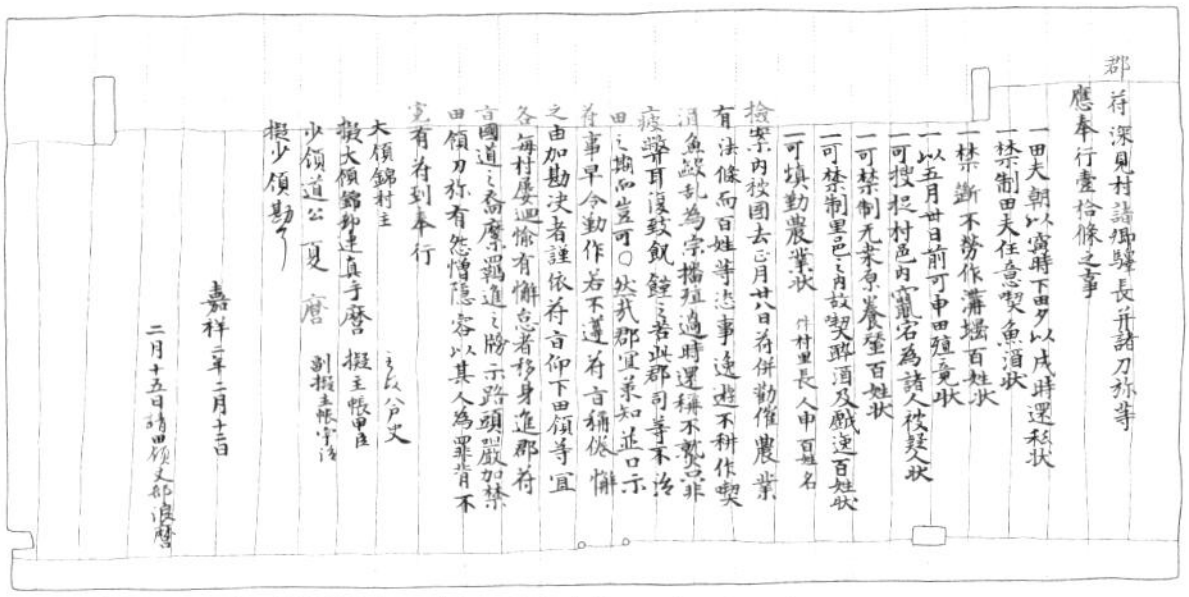
郡符深見村諸郷駅長并諸刀祢等
応奉行壹拾条之事
一田夫朝以寅時下田夕以戌時還私状
一禁制田夫任意喫魚酒状
一禁断不労作溝堰百姓状
一以五月卅日前可申田殖竟状
一可捜捉村邑内竄宕為諸人被疑人状
一可禁制无桑原養蚕百姓状
一可禁制里邑之内故喫酔酒及戯逸百姓状
一可塡勤農業状　件村里長人申百姓名
検案内被国去正月廿八日符併勧催農業
有法条而百姓等恣事逸遊不耕作喫
酒魚殴乱為宗播殖過時還称不熟只非
疲弊耳復致飢饉之苦此郡司等不治
田之所致而豈可○然哉郡宜承知並口示
符事早令勤作若不遵符旨称倦懈
之由加勘決者謹依符旨仰下田領等宜
各毎村屢廻愉有懈怠者移身進郡符
旨国道之裔縻羈進之牓示路頭厳加禁
田領刀祢有怨憎隠容以其人為罪背不
寛有符到奉行
大領錦村主　主政八戸史
擬大領錦部連真手麿　擬主帳甲臣
少領道公　夏麿　副擬主帳宇治
擬少領勘了
嘉祥二年二月十二日
二月十五日請田領丈部浪麿

●──図41　加茂遺跡の牓示札（復原想定図）

▼**北陸道**　古代の七道《しちどう》の一つ。都のあった畿内《きない》から北へ延び、日本海沿岸諸国と都とを結ぶ。七世紀後半の天武天皇末年ごろの成立か。

日常生活を規制するような八カ条の命令からなる。長期間屋外に掲げられていたこの札は、表面から墨の色がはがれおちているが、墨で書かれていた文字の部分が、墨にまもられていた期間だけ、まわりよりも風化が遅くなってわずかに盛り上がっており、その凹凸の差によって文字が判読できた。

　荷札木簡からも、多くのことがわかっている。二条大路木簡のなかに、七三五(天平《てんぴょう》七)年から七三六(同八)年にかけての、伊豆《いず》国から調《ちょう》▲として貢納された堅魚《かつお》の荷札がたくさん含まれていた(図44)。この分析によると、郷単位で荷札木簡が作成された可能性が指摘されており、調の貢納における郷の役割が考えられるようになってきた。また、平城宮跡からは三河《みかわ》国幡豆《はず》郡から贄▲として貢納された海産物の荷札(図42)がたくさん出土している。贄は律令の規定にはない貢納であり、『延喜式《えんぎしき》』▲にはみられるが、八世紀段階のあり方を知るうえでは、荷札木簡以外に頼りとなる史料はない。八世紀の都からでてきた荷札木簡によってのみ、八世紀の贄貢納制度の実態を窺い知ることができるのである。

●―図42　幡豆郡からの贄の荷札(平城宮木簡第三六八号、部分)

▼**調**　律令制下での賦課の一つ。成人男子である正丁《せいてい》に対して、各地方の特産物や麻布などの貢納が求められ、貢納品は国ごとにまとめて京へ送られた。

▼**贄**　律令制下で地方から貢納された賦課物の一つだが、律令条文に規定はない。おもに天皇の下へ貢納された新鮮な魚介類が多い。

▼**『延喜式』**　九二七(延長《えんちょう》五)年成立。律令法における施行細則などをまとめた書物。官司ごとに関係業務がまとめられている。

③—出土文字資料を分析する視点

形に注目する

出土文字資料は、地下からみつかった実物として、筆記され使われた時点での形態を伝えている。もちろん、廃棄された際に形を変えられている場合もあるが、そのことも含めて、使われていた時代の形を残していることが重要である。すなわち、形あるものとして考えることが、分析するうえで欠かせない。形態も有用な情報なのである。

日本の古代を考えるうえでの多くの文献史料は、書き写された写本の形で伝えられている。写本の場合、その文献が作成された際の形態情報までは伝えられない。記された文字列としてのテキストを読み解いていく方法が主とならざるをえないのだが、出土文字資料は違う。記された当時の、直接筆記された媒体そのものが残されているのであり、記された文字情報だけでなく、その筆記された媒体からも、当時のことがいろいろとわかってくる可能性を秘めているのである。考古学では、発掘の結果みつかった出土遺物について、形態・材質・加工技法などを精査し、その所見から考察を加えていく。出土文字資料も、文字は記されているが、他の遺物と同じく出土遺物であることに変わりはない。同じような分析方法で考察される面があるのは、当然のことといえるだろう。

出土文字資料の研究が、このように文字情報だけでなく形態面からも進められてきたことによって、既存の文献史料に対しても、その分析手法に影響がみられるようになってきた。たとえば、紙に記された古文書の場合、その古文書が書かれた当時の紙としてそのまま残されていれば、形態情報は有用な分析対象となりうる。古文書を考察するうえで、どの部分をどのように加工したのかといった情報が、文字テキストの情報の内容を考えるうえでも役に立つのである。近年では、考古学的手法を取り入れる形で発展した出土文字資料の研究方法が、伝世の古文書の研究などにも影響をあたえている。出土文字資料から始まったさまざまな分析手法が、いろいろな史料を分析するための技法として参照されるようになってきた。分析手法を共有している分野全体が、いわば史料学という広い学問分野であるともいえるだろう。

木簡の姿かたち・材質

まず、木簡《もっかん》を例にとってみることにしたい。一口に木簡といっても、さまざまな形態のものがある。大きなもの、小さなもの、四角いもの、尖ったもの……。しかし、おおむねいくつかの種類に分けることはできる。木簡学会では、こうした形態を分類して表現するために、基準となる形態分類を設定している（図43）。それぞれの型式には数字で型式番号がつけられている。

このように分化した形態は、木簡の使われる用途に応じて変化したものである。たとえば、０３１・０３２・０３３・０３９の型式のものは、いずれも側面に切込みを入れた形態であるが、これはなにかにくくりつけるためにひもをかける際に、ひもがはずれないように木簡に切込みをいれてそこにひもを巻きつけたのである。この型式の木簡は、おおむねなにかにくくりつけられたものと考えてよく、実例でみても、書かれている内容からは荷札として使われたとみられるものが大多数である。また、０４３型式のものには、大きく「封」と書かれている場合が多い。この型式の木簡二枚のあいだに紙の書状を折って挟み、木簡の外側からひもでしばって封をしたとみられる。紙の手紙を封緘《ふうかん》するのに

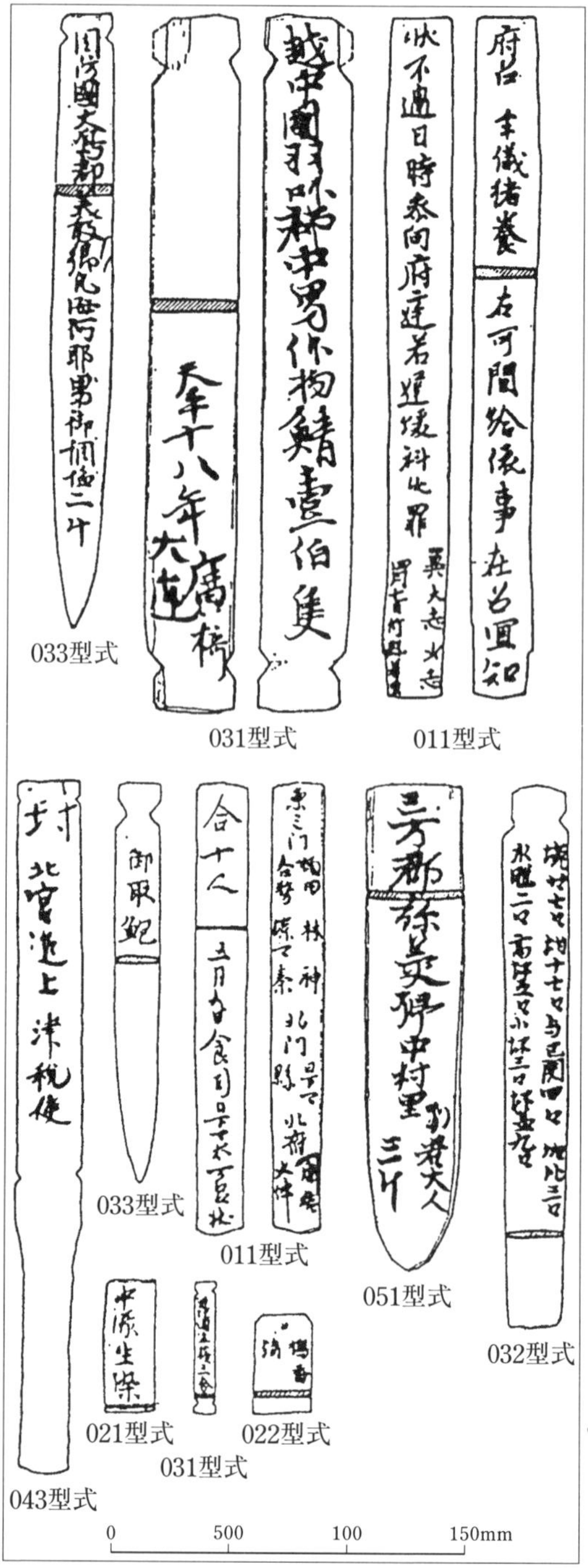

図43　木簡学会の型式分類図

適した形態としてつくられているのである。このように形態と機能は結びついている。

また、木簡を考えるうえでは、材質も興味深い。木簡の用材として使われている樹木は、スギ・ヒノキ・コウヤマキ・モミなどであるが、地域によってかたよりがある。加工して墨で文字を記すのに適した木材という点で、いくつかの樹種に限定されるが、そのいくつかの樹種のなかで、地域によってどの木を使うのか、違いがみられるのである。平城宮《へいじょうきゅう》跡でみつかっている隠岐国《おきのくに》から送られた荷札木簡はスギ材ばかりであるし、福島県いわき市の荒田目条里《あったためじょうり》遺跡の調査では、みつかった木簡の過半数がモミの類であった。

こうした傾向は、木簡を作成する土地の植生に起因すると考えられている。付近にはえている樹木のなかで、木簡に適した木を利用すると、当然その土地の気候によってはえている樹種は異なり、使われる用材も異なったものになる。しかし、そのように地域の特性にあわせた樹種が使われているなかで、それとは別の樹種の木簡がまじっていたとすれば、日常の材料とは異なり、特別に材料を選定したと考えなければならない。その木簡の機能を考えるうえでも、そうした点を考慮しなければならないだろう。

木簡の作成と廃棄

木簡は、木を加工してつくったものである。あたりまえのことだが、このこともつきつめて研究すれば奥が深い。木を加工するには、切る・割く・削る・折るといったいくつかの技法を組み合わせて形にしていく。たかだか三〇センチほどの木の板をつくるにも、複数の技法を組み合わせて、丸太からつくりだしていくのである。その技法の組み合わせ方には、いくつかの流儀が考えられる。木簡の形態としてひもをかけるための部分をつくりだす場合にも、切込みをいれるのか、削ってえぐるのかといった違いがみられる。天平《てんぴょう》年間(七二九〜七四九)の伊豆《いず》国の堅魚《かつお》の荷札木簡は、切込みをいれてつくるのが基本であるのに対し、ほぼ同時期に大宰府《だざいふ》から都《みやこ》に送られた荷札木簡は、えぐってつくっているものも多い。地域差だけでなく、木簡作成者の個人差もあるが、このような作成技法の違いは、形態として残された情報からしか分析できない。木簡の形あるものとしての点に着目した、考古学的観点からの考察といえるだろ

●──図44　伊豆国からの堅魚の荷札(二条大路木簡)

●──図45　大宰府からの荷札(部分)

上部のひもを結びつける部分(矢印)の加工は，えぐってつくりだしており，まるみをおびた凹形になっている。図44の伊豆国の荷札と比べると違いがよくわかる。

う。

木簡をつくる過程とともに、木簡を廃棄するにも流儀がある。ただそのまま棄てている場合ももちろんあるが、なかには手をかけて処理してから棄てているものもある。命令を書いた木簡などの場合、再利用されることを防止するためか、文面を抹消したり、木簡を破砕することがある。こうした目的で木簡の文面を小刀で削りとってから棄てることが、当然考えられるが、それ以外にも、長野県千曲《ちくま》市の屋代《やしろ》遺跡群出土第一一四号木簡のような例がある(図46)。この木簡の文面は、郡司《ぐんじ》が配下の人びとに物資や労働力の動員を命じたもので、郡《ぐん》符《ぷ》と呼ばれる。この郡符木簡が不要になったところで、廃棄者は木簡の冒頭にあたる、宛先が書かれた「符　屋代郷長《ごうちょう》」の部分を、縦に何条にも割いて棄てていた。それ以外のところは縦に二つにわっただけである。宛先の部分を特別に念入りに処理したと解釈できる。いわば、古代版シュレッダー処理である。

また、新潟県長岡《ながおか》市八幡林《はちまんばやし》遺跡出土の郡符木簡も(図47)、廃棄前に加工されていた。みつかった木簡は大きく三断片に切断されていたのである。切れ目を詳細に観察すると、明らかに刃物をいれた滑《なめ》らかな切断面があり、埋まって

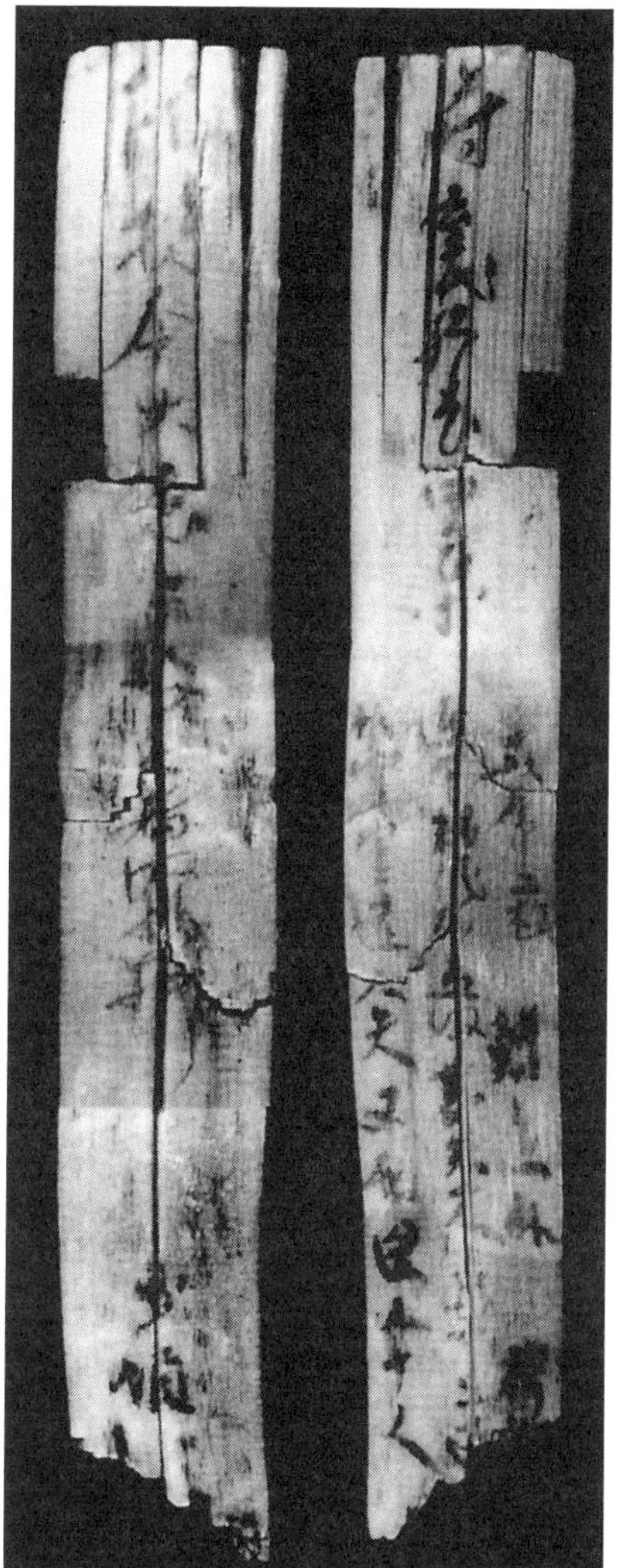

図46　屋代遺跡群第一一四号木簡

図47　八幡林遺跡第一号木簡

から土の圧力で折れたものではない。このように、廃棄にあたって人為的に処理する場合のあることがわかってきた。命令などの情報の扱われ方までが、こうした木簡によって明らかになりつつある。

漆紙文書の復原

形態の情報は、漆紙《うるしがみ》文書の研究でも重要である。漆紙文書は、普通厚さは一ミリ以下であり、非常にもろい。みつかったものを取り上げる際にわれてしまうことも多いし、地中に埋まっているうちに破損していることも多い。発掘現場から取り上げられて調査室に届いた状態は、おおむね断片に分かれている。もともと一点の漆紙でも、数十点から一〇〇点近い断片に分かれていることもある。一つひとつの断片に載っている小さな文字情報も、接続すれば、より意味のわかる言葉のまとまりとなることがあるため、断片どうしを接合させる作業が、調査のなかで必要になってくる。

漆紙文書も遺物である以上、モノとしてみていかなければならないことはいうまでもない。たとえ二つの断片の文言が文脈のうえで適合していても、断面

●—図48　漆紙文書の復原（山王遺跡第三号漆紙文書）　数多くの断片を接合したところ。四五ページ図30も参照。

が接合する形状をしていなければ、直接はつながらない。逆に形のうえからつながることがわかって、はじめて結びつけられる文字情報もある。厚さ一ミリほどの断面をにらみながら、辛抱強い作業が続けられる。漆が付着している面には、漆膜のしわができたり、漆膜の厚みの違いがでたりする。これもまた接合するかどうかの重要な基準となる。付着している漆膜の色も、同じ漆紙の別の箇所では異なる。ジグソーパズルの上級編さながらというところであろうか。ジグソーパズルよりやっかいなのは、ピースが手許にすべてそろっているとはかぎらないことである。

漆紙文書が地中で残るのは、漆膜に覆われたからであり、容器のふた紙として利用された場合には、容器の口の形と同じように漆が付着している。その付着した形に紙が残るのであるから、円筒形の曲物《まげもの》を容器として使っていた場合、その口の形と同じ円形に漆が付着して、円形の部分だけが残っている。残されたピースは、その円形のなかにおさまるはずなので、容器の口径がわかれば、その大きさの円を書いておいて、そのなかにおさまるように接続を検討すればよい。

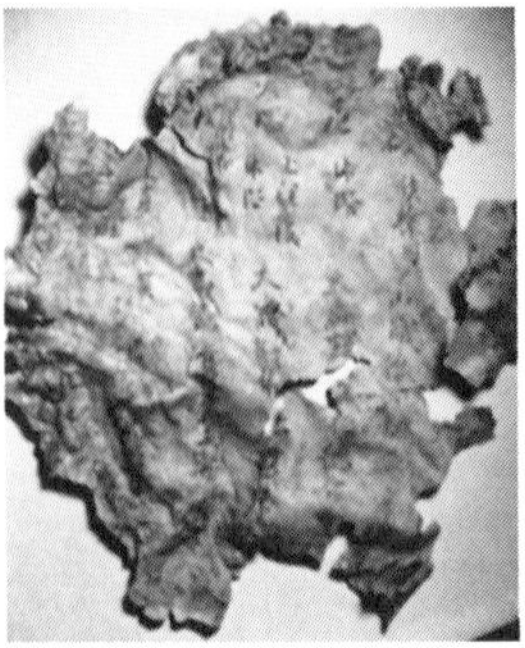

●――図49　胆沢城跡第三号漆紙文書

こうして時間をかけて接合した結果、もともとの文書の段階で文字が書かれていなかった部分にあたる断片もある。漆紙の断片を接合する前の段階では、なにも書かれていない断片ということになる。しかし、文字のない断片にも意味がある。どの部分に文字が書かれていて、どの部分に文字が書かれていないかによって、文書の内容を推測する手がかりになるのである。漆紙文書では、大きさが限られたなかで文書の種類を考察しなければならない。限られた面積のなかの、どの位置に、どのような大きさの文字が配置されているかを考えていく必要がある。伝世して伝えられた同時代の文書の写真などと比べながら、それが書状なのか、帳簿なのかといった点を推測していく。この作業のうえで、文字のない部分がどの位置にくるのかによって、知られている書式のどれに近いかがわかってくる。

また、漆紙文書は表裏に文字が書かれていることも多いが、その場合の表裏の関係も興味深い。書かれている文字情報が、文書全体のなかのどの位置にあたるのかを考えて、さらに表裏のそれぞれの関係がわかれば、失われてしまっている文書全体の姿も復原することができる。胆沢城跡《いさわじょうあと》第三号漆紙文書の場合には(図49)、その表裏関係があざやかに解明されている。この文書の漆付着面は延暦《えんりゃく》二十二(八〇三)年四月の具注暦《ぐちゅうれき》▲、逆の面は同二十三(八〇四)年九月の具注暦であった。連続する二年分の暦が表裏に書かれていたことになる。それぞれの面に残された月日の部分を、一年分の暦の記載における位置のなかで考えていくと、延暦二十二年の一年分の暦の裏側を使って、翌年の暦がまるまる書き写されて使われていたことがわかった。この巻物は二年にわたって使われ、廃棄されて漆容器のふた紙に転用されたということになる。この事例から、役所で暦を使っていた一つの方法が明らかになった。漆紙文書は、表裏に別々の文書を記していることも多いが、それでも表裏の関係をつねに考えておくことが、あらたな発見につながる可能性を秘めている。

墨書土器の記銘部位・方向

墨書土器《ぼくしょどき》の場合も、文字を書く位置(=部位)への意識が必要である。土器はものを載せる内側の面を上に向けて使うのか、それとも伏せて使うのか、その使われ方によって、表にでている見える面が異なる。また、書かれる方向も、

▼**具注暦**　それぞれの日付ごとに、日の吉凶などが書かれた一年間の暦。毎年末に陰陽寮《おんみょうりょう》で作成され、これが天皇に奏上《そうじょう》されたのち、分かち下される。

●――図50　山王遺跡の呪符墨書土器

土器をどちらに向けて記したのかによって異なる。文字の書かれた部位や、書かれた方向は、その土器がどのような使われ方をしたのかを考えるうえで、重要な鍵となるだろう。

宮城県多賀城《たがじょう》市山王《さんのう》遺跡から、図50のような墨書土器が出土した。土器の内側には長々と呪文《じゅもん》のような文章が書かれている。「急々如律令《きゅうきゅうにょりつりょう》」という呪文に特有の文言や、「鬼神《きしん》」といった言葉から、呪文であることは明らかなのだが、その内容はよくわからない。「腹」や「病人」とみえることからすると、腹病平癒の祈願であろうか。この墨書土器の呪文が読める方向に、内側を上に向けておくと、外側の面の手前側に「口上《こうじょう》」という文字がくる。「口上」はおそらく「申し上げます」という意味であり、何者かに丁寧に申し上げようという意図がみえる。病気平癒を祈って、目に見えない鬼神に対して、ささげものを器に盛り、その器に願いの文句を書き記したかのようである。書かれている文言の意味がよくわからないため、この解釈に定まるわけではないが、一つの考え方としては、こうしたとらえ方ができそうである。鬼神がささげものを手にすると、ささげものが載っていた土器の面に、鬼神へのメッセージが書かれていた……というようなイメージがふくらむ。さらに、この土器の底部外面には「平」と書かれている。平癒を願う文言なのだろうか。しかし、鬼神からは直接見えない位置かもしれない。どの位置にどのような文言を書いているのか、このように土器の実際の使われ方も念頭におきながらの分析が、各地で出土した墨書土器についても進められている。

資料群として考える

出土文字資料は、概して一点あたりの情報は少ない。一点一点の情報量は多くはないが、しかし、それらをまとめることによって有効な情報となる場合も多い。なんらかの観点で、一くくりにできるものをまとめて、資料群として扱うことによって、さまざまなことが明らかになってくる。

同じ遺跡からでたというグループで考えることももちろんながら、墨書土器や木簡といった同じ素材どうしという考え方もできる。また類似の遺跡からの出土という見方に立てば、遠く離れた遺跡からでたものでも、あわせて考えることが可能になる。一点一点の情報量が少ない以上、単独の資料で考察を進めていくだけでなく、他の資料とさまざまに組み合わせて考察を進めることが必要である。

木簡群の考え方

木簡は、大型のものになれば一メートルを超えるものもあるが、せいぜい二〇〜三〇センチ前後のものが普通である。表裏の両面をあわせても、文字が書ける面積は限られており、一点一点の記載情報は多くはない。これに文字を書いて相手になにかを伝えるにしても、書き方を工夫しなければ、すぐに面いっぱいを文字が埋めつくしてしまう。つまり、木簡には書き手と読み手が了解している書式があり、その書式に従って情報が記されているのである。ところが、発掘調査ででてきた木簡を調べている現代の私たちが、その書式を了解しているとはかぎらない。木簡を書いた人たちが、どういう約束ごとで書いていたのかを、一から考えていかなければならないのである。当然のことながら、一点だけを単独でながめていたのでは、共通の約束ごとはわからない。類似の情報を伝えている木簡を比べ合わせて考え、どうもこの手のやりとりにはこういう

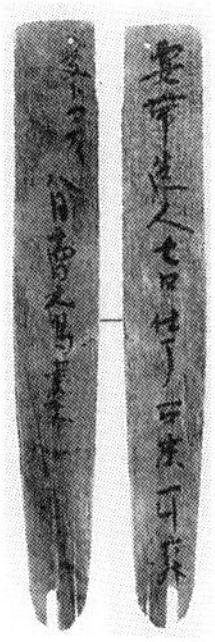

●──図51　長屋王家の伝票木簡

書式のパターンで書いているらしいということを、帰納法的に探りあてていかなければならないのである。

長屋王家《ながやおうけ》木簡のなかからは、つぎのような書式のものがたくさんみつかった。

・要帯造人七口仕丁《しちょう》一口米一斗六升

・受卜部万呂《うらべのまろ》　八月十四日大嶋書吏《おおしましょり》　（図51）

職名ないし人名、人数、米の量、「受」＋人名、日付、人名（＋家政機関の職名）というパターンで情報が書かれている。この木簡では、要帯（＝腰帯）造人七人と仕丁一人に対して、米が一斗六升支給され、それを受け取ったのが卜部万呂という人物で、この支給が八月十四日に大嶋という人物と長屋王家の書吏という役職の者の責任で行われたことを示している。この様式の木簡が、長屋王家木簡のなかには大量にみいだされた。そして、それらをまとめて考察していくと、米の量が一人当り五合ないし一升と少なめで、日付は年を省略しており、米支給の責任者の人名は姓を略して名だけ書いているといった特徴がわかってきた。また、多くの場合、上端か下端に文字を書いたあとに穴をあけていることもわかった。

こうした特徴からは、狭い範囲でのやりとりとみることができ、支給対象者への米の支給手続きが、邸宅内で日ごとに行われていたと推測される。また、こうして支給者ごとに記録した木簡を、穴をあけて綴《と》じておき、月末などにまとめて統計をとり、上級者に報告したのだろう。米の管理の仕事のようすがうかがわれる。

群としての考え方を釈読に活かす

木簡群の考え方は、木簡の文字を読む際にも活きてくる。長屋王家木簡のなかからは図52のような木簡が出土している。この木簡は縦に割れた断片で、六文字程度が部分的に残ったものである。このままひたすら筆の跡を追っていても、なんという文字なのか、なかなか検討がつかない。もちろん、どのような文字なのかを想像しながら筆の跡を追い、考えるのだが、このときに有用な情報となるのが、同じ場所からどのような文字内容のものがみつかっているのかという知識である。同じ邸宅跡で使っていた木簡なら、同じ文言が書かれたも

●図52　割れた木簡（平城京木簡第四六〇号）

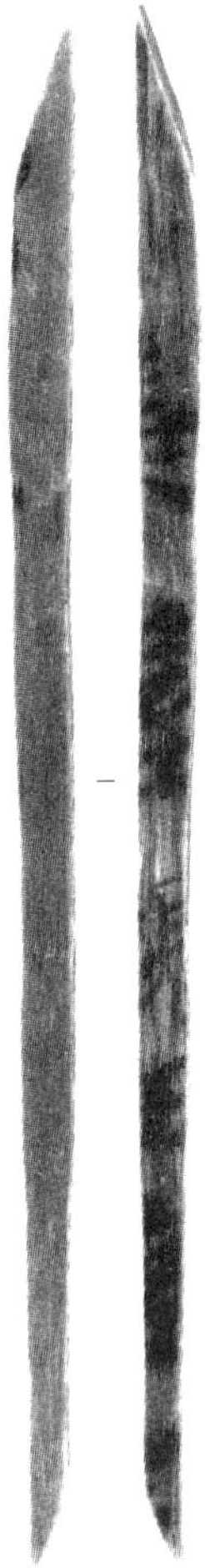

●図53　「長屋親王宮鮑大贄」木簡との比較

のが複数でてくる可能性は高い。すでに釈読《しゃくどく》ができている木簡の文言を参照しながら、筆の跡にあてはめて考えていくのである。

この木簡の筆跡を追いながら、すでに釈読できた木簡を頭のなかに浮かべていくと、図24(三四ページ)の木簡が思い浮かんだ。②章で紹介した木簡である。この木簡と左右にならべてみるとわかるが(図53)、「長屋親王宮《しんのうのみや》……」と書いた文字列の真ん中が残ったものだったのである。図24の木簡がみつかっていなければ、②章でも述べたように「長屋親王」という呼び方すら確信がもてなかっただろう。こうして図52の木簡は「長屋親王宮□」と読むことができた。

群のなかで接合を検討する

木簡は完全な形で出土することは少ない。しかし、破損した状態でも、バラバラにでた断片を接合させ、もとの形に近づけることができれば、破損したままの状態よりも、より多くのことを考える材料がふえてくる。こうしたことから、断片を接合させることを、可能なかぎり行っていかなければならない。

もとは一つの個体であった木簡が、不要になって廃棄された際や、地中で埋

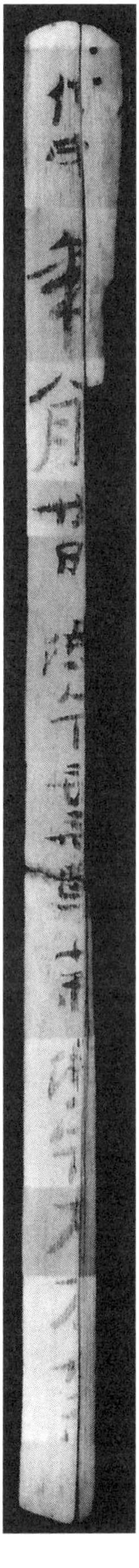
図54 屋代遺跡群第一三号木簡

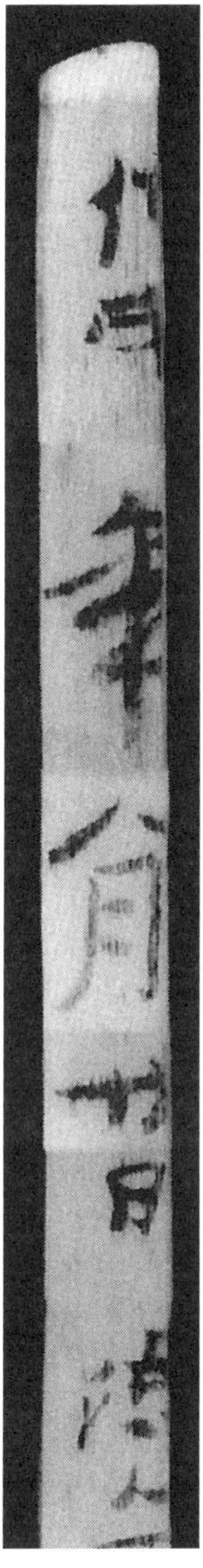
図55 屋代遺跡群第一三号木簡（「戊戌年」部分の左側断片）

まっているあいだに、あるいは発掘調査の過程でバラバラになってしまうことがある。しかし、このような場合でも、廃棄した場所が断片ごとに遠く離れることは想定しにくいし、まして地中や調査の過程で離れた断片であれば、近接した場所から出土しているはずである。木簡が複数出土した場合には、近い場所からみつかったものどうしに注意する必要がある。具体的にいうと、同じ遺構からみつかったもの、さらに同じ遺構の近接した地点や、同じ土層からみつかったものなどは、注意して接合の可能性を探っておかなければならない。

一例を紹介しておきたい。長野県千曲市屋代遺跡群からみつかった第一三号木簡は、図54のようなものである。以下は、この木簡の調査にかかわった一員としての私の体験である。

この木簡は冒頭に「戊戌《ぼじゅつ》年」という六九八年の年紀があり、貴重な七世紀代の地方出土の木簡である。この冒頭の部分は、二つの断片に文字がまたがっているが、調査の初めの段階では、左側の断片だけで釈読を進めていた。試みに左側断片だけでみてみると図55のようになる。八月二十日という日付の上に記されていることから、年紀であることは疑いないが、「戊戌」と読めるかどうか、干支《かんし》の部分の釈読はなかなかむずかしかった。われている右側の断片が出土していないかどうか、同じ土層からでているものをしらみつぶしにあたって、木目の似かよったもののなかからくっつけてみることによって、右側の部分がみつかったのである。そして、右側の部分がみつかることによって、右側に字画が複雑に伸びることはなく、「戊戌」と読んでよいだろうことがわかった。このように、接合できるものは、可能なかぎり接合させていくことによって、内容を考えていく条件がそろってくるのである。

数をこなしてはじめてわかる文字

墨書土器のなかには、図56のような文字がある。「乃」という漢字、あるいはギリシア文字のβ（ベータ）のような形だが、もちろんベータと記したのではない。これが一体どのような文字なのかは、この土器だけみていてもわからないのである。そこで、この文字がみつかっている同じ遺跡、また近い場所の遺跡で似たようなものがみつかっていないかどうかを探っていくことになる。そうしていくと、たとえば同じ千葉県内で図57のようなものがみつかってくる。ど

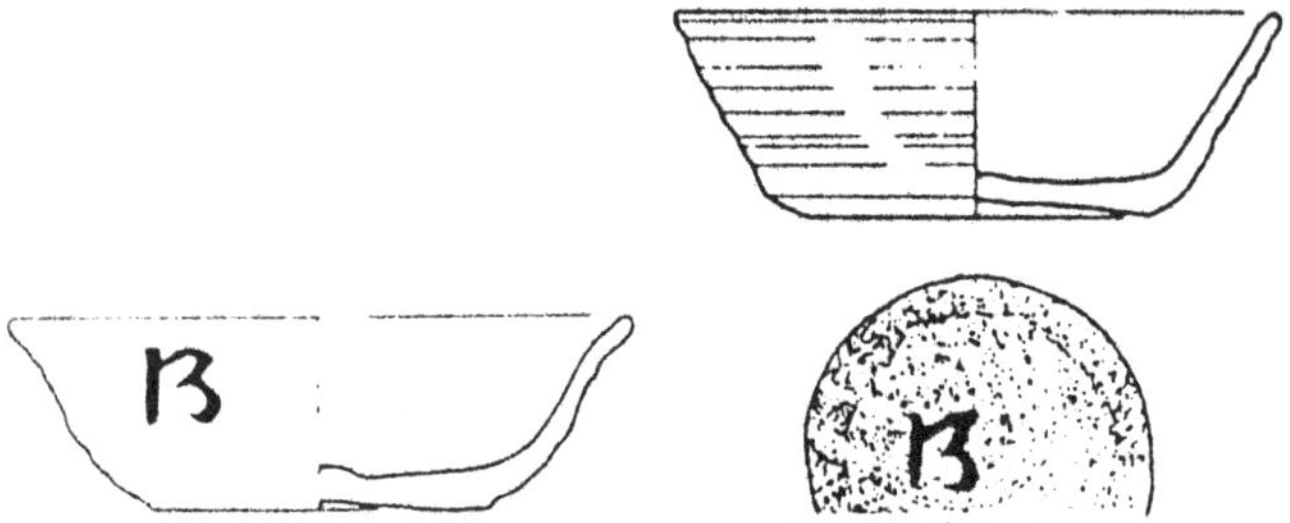

●―図56　「β」のような墨書土器(千葉県山武《さんぶ》郡芝山《しばやま》町庄作《しょうじゃく》遺跡)

●―図57　「β」のような墨書土器の類例(千葉県袖ヶ浦《そでがうら》市文脇《ふみわき》遺跡，同市永吉台《ながよしだい》遺跡群)

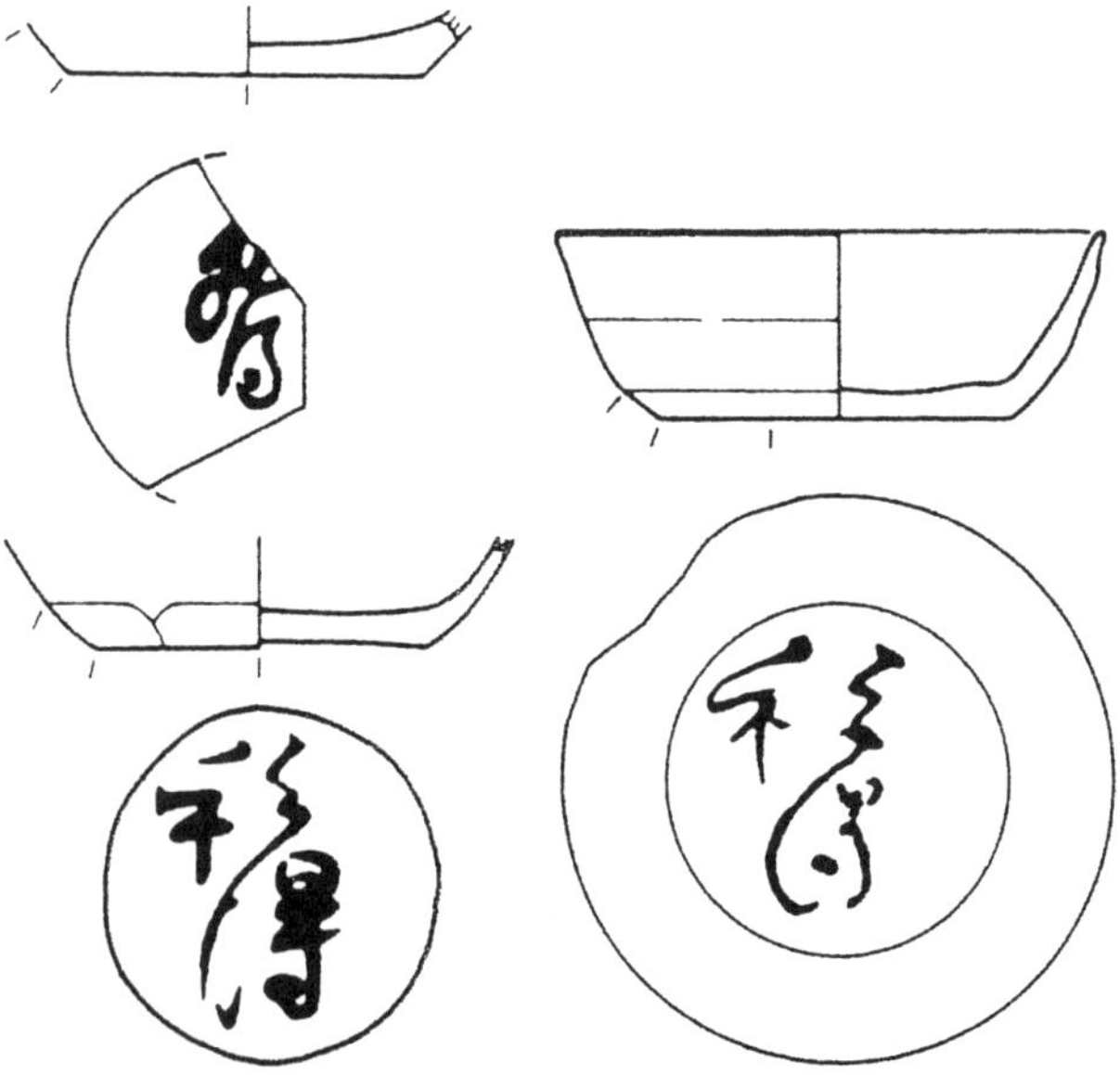

●―図58　千葉県成田市加良部(LOC15)遺跡墨書土器「私得」

うもこの文字は、あちこちで記されているらしい。

その一方で、これがどのような意味なのかは、他の文字との組合せの事例から探ることができる。図58には同じ千葉県内の成田《なりた》市加良部《からべ》（ＬＯＣ15）遺跡からみつかっているものをならべてみたが、図58の左上のものは、他のものと同じく「私得」と記しているらしい。「得」という字は、くずして書くと、図56・57のようになるのである。

このように、一つの遺跡の範囲を越えて、共通して用いられている字体がある。土器に墨書するという行為は、一つの集落だけで行われたのではなく、付近の集落に同じようなものが伝播していったとみられる。一つの遺跡のなかだけでなく、近い地域の資料を視野にいれて、その資料群のなかでみていかないと読めない文字や文言がある。「得」のくずし字はその一例にすぎない。

同時代の同性格の遺跡との比較

屋代遺跡群からは、図59のような木簡がみつかっている。以下も、この木簡の調査に携わったうちの一人としての、私の体験の一つである。

▼『論語』学而篇　『論語』冒頭の編目《へんもく》。「子曰《しい》わく、学びて時にこれを習う」で始まる書出しは著名。

▼国府　諸国の行政のために設置された国庁やその他の施設からなる、地方行政の中心地。

この木簡も左右がわれていて、木簡面の真ん中が縦に残っているが、これだけで釈読するのはむずかしい。それでも時間をかけて考えた結果、報告書を刊行する段階では、「□鳥平人不□□□□」という釈読結果を公表した。しかし、この文面ではまったく意味がとれない。報告書を刊行するまでの時間では、とりあえずこのように読めそうだという案をだすことしかできなかったわけである。

ところが、この報告書が刊行されてから約一年半後、徳島県徳島市観音寺《かんのんじ》遺跡から、七世紀代のものとされる、『論語《ろんご》』の冒頭を記した木簡が発見された。観音寺遺跡の木簡は、横幅が完全に残っているうえに、墨痕もはっきりとしている。文字数もかなり残っており『論語』学而篇《がくじ》▲の冒頭部分でまちがいない。観音寺遺跡は阿波国府《あわこくふ》▲推定地に近接し、阿波国造《くにのみやつこ》の地方豪族の活動拠点も近く、七世紀から八世紀にかけての阿波国の中心となった地域とみられる。地方豪族の活躍の舞台から『論語』のみつかったことが、屋代遺跡群の木簡をもう一度みなおすきっかけとなった。屋代遺跡群も、七世紀から八世紀にかけて、信濃《しなの》国内の有力な地方豪族の活動拠点となった遺跡である。報告書ではまだ釈然とし

●図59　屋代遺跡群第四五号木簡

●図60　屋代遺跡群第四五号木簡推定復原図

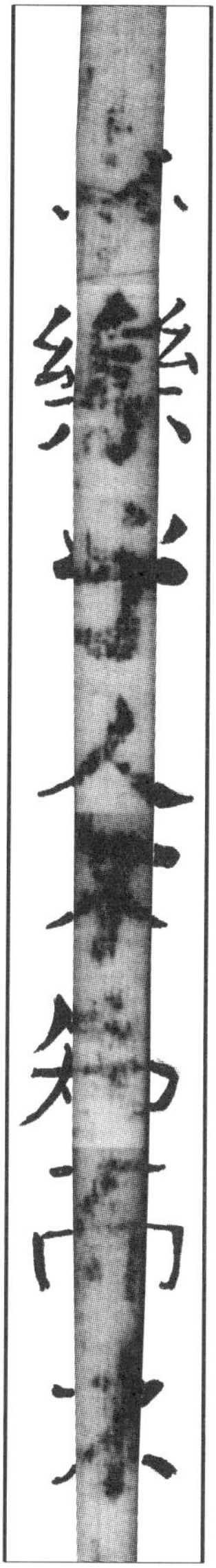

●―図61　観音寺遺跡論語木簡（部分）

ない釈文《しゃくもん》であったもの、とくに『論語』の可能性がありはしないかと当初から疑いをもっていたものを中心に、再検討が進められることになった。

その検討において、もう一度木簡の画像をいくつもながめている際に、はたと気がついたのが第四五号木簡であった。この木簡は、再検討を始めるに際してもまだ『論語』とは考えていなかった、いわばノーマークのものである。「……乎人不……」というこの文字列は、ひょっとして『論語』の一節のどこかにありはしないか？　突如そのつもりになって『論語』をめくってみると、冒頭の学而篇のなかにある「有朋自遠方来、不亦楽乎、人不知而不慍、不亦君子乎」の一節が目に飛び込んできた。「これだ！」と無意識に叫び、背中に震えが走ったことを覚えている。『論語』の本文にそって木簡の文字を確認してみると、「鳥」と読んでいた文字は、「楽」の旧字体「樂」の中央部分でよさそうである。読めていなかった下の部分の文字も、それぞれ「知而不」の中央部分として矛盾がなく、最後の文字も「慍」の可能性が高い。再検討を行っていたメンバー全員が納得する釈読に、ようやくたどりつくことができたのであった。

この木簡は、その後、釈文の訂正を公表し「亦楽乎人不知而不□〔慍カ〕」とした。現在では『論語』を記した木簡として知られている。観音寺遺跡での発見があったことで、類似の性格の遺跡である屋代遺跡群の木簡をみなおすこととなり、結果としてその両方から『論語』を記したものがみつかることになった。同じ時代の地方社会は、距離を隔てながらも同じような課題に直面していたのである。中央主導で中国的官僚制の整備が進められていくなかで、『論語』を学び、中国の知識を身につけることに必死になっていた、それが七世紀の地方社会であった。この木簡は、同時代の地方遺跡の資料が、距離を隔てていても、同じ性格の資料群として考えられることを示している。そして、もう一つ大事なことであるが、木簡釈読の際に中国の漢籍の可能性をつねに考慮すべきであるという教訓が残った。

④—広がる研究対象——列島の端へ、国土の外へ

出土文字資料と辺境社会

伝えられた文献で語られる世界にはかぎりがある。日本の古代の場合には、それらの文献が記されたのはおおむね中央であり、中央から把握され描かれたなかには、地方のようす、まして辺境のようすはなかなかあらわれてこない。文献からではわからない辺境社会の実態は、出土文字資料によって明らかにされる面が大きい。

古代日本における辺境は、大きく分けて南と北にある。一つは南九州から南島にかけての地域、そして、もう一つは北東北から北海道にかけての地域である。近年では、日本列島の北でも南でも、発掘調査が進んでいる。そこからみつかる出土文字資料によって、その地が古代においてどのような状況だったのかが、断片的にではあるが明らかになってきた。出土文字資料は、文字を記すという共通した行為をとおして、同じ時代の他地域との状況の差異について、比較を試みていくための指標でもある。文字の文化が辺境まで広がった時点で、

辺境社会もまた同じ方法で研究する対象地域となったのである。

南方の出土文字資料

七世紀から八世紀初頭にかけて、九州南部の人びとである「隼人《はやと》▲」が、版図《はんと》を拡大する国家と対立することがあり、国家による征討の対象となった。こうした過程をへて、これらの地域は国郡制《こくぐんせい》▲に組み込まれ、編戸《へんこ》・造籍《ぞうせき》の対象となっていくが、七世紀末から八世紀初頭に設置された大隅《おおすみ》・薩摩《さつま》の両国において、実際に班田制《はんでんせい》▲が施行されたのは八〇〇（延暦《えんりゃく》十九）年になってからであった。九世紀にいたるまで、国家による支配はなお深く浸透してはいなかったのである。隼人社会における文字文化の痕跡としては、集落遺跡からみつかる墨書土器《ぼくしょどき》をあげることができるが、墨書土器の出土点数が多くなるのは、九世紀のことである。律令制《りつりょうせい》支配に取り込まれていく過程と並行して、中央の文化であったものが受容されていくのだろう。

さらに南方の奄美大島《あまみおおしま》では、「天」とヘラ書きされた土器がみつかっている。この土器はカムィヤキと呼ばれる須恵器《すえき》に近いもので、吐噶喇《とから》列島から琉球《りゅうきゅう》

▼**隼人**　古代の南九州に居住した人びと。七世紀末から八世紀にかけて服属が進み、国家支配に取り込まれていく。七〇九（和銅《わどう》二）年には六年ごとの朝貢《ちょうこう》が定められ、交替で畿内《きない》に居住させられた。畿内の隼人は、朝廷での儀式に参加して服属を示し、吠声《ほえごえ》を発して邪《じゃ》霊《れい》を払う役割を担った。

▼**国郡制**　国―郡の重層的な組織からなる地方行政制度。

▼**班田制**　六年に一度作成する戸籍に基づき、律令《りつりょう》規定どおりの口分田《くぶんでん》を支給する制度。調《ちょう》や庸《よう》を負担する人びとが生業を成り立たせる前提となる。

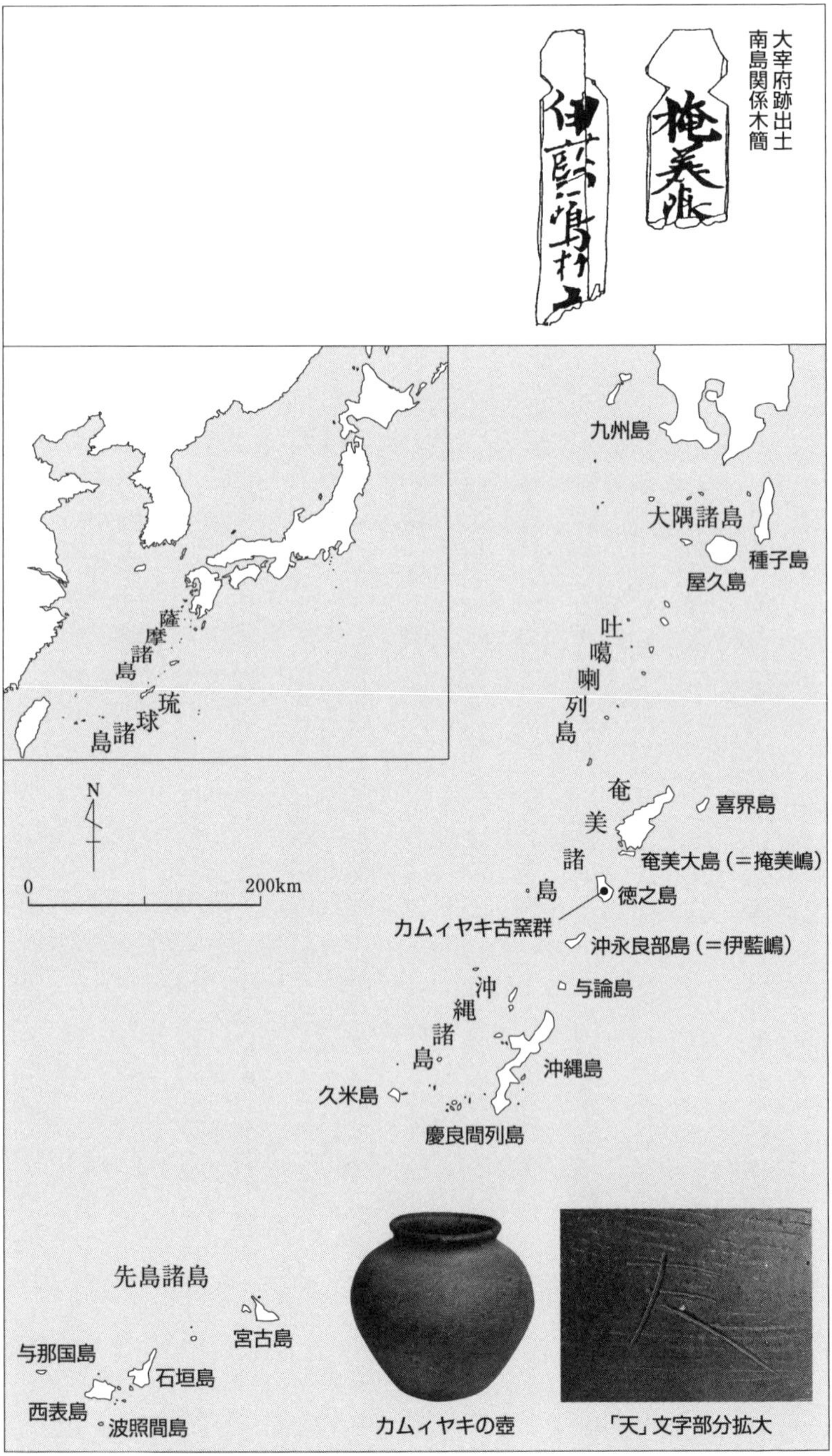

●──図62　南島関係の出土文字資料

諸島にかけて流通しており、徳之島《とくのしま》に生産拠点のあったことが知られている。南島でもこうした文字資料がみつかっていることから、この文字のもつ意味とともに、どのような系譜で文字を記す行為が南島地域にもちこまれたのか、今後解明されていくことが期待される。大宰府《だざいふ》跡出土の木簡《もっかん》のなかには、「掩美嶋」や「伊藍嶋」と記された荷札木簡ないし整理用の付札《つけふだ》木簡と考えられるものがみられ、これらの島からの物品が大宰府に送られていたことはまちがいない。大宰府と南島との結びつきは、こうした経済活動の拡大とともに文化面にまでおよびつつあったのであろう。

北方の出土文字資料

古代の北方社会では、九世紀初頭までのうちに、国家の役所が、太平洋側では現在の岩手県中部まで、日本海側では秋田県中部まで設置されるようになったが、その北は国家の地方組織である国―郡―里《り》に編成されなかった。現在の岩手県盛岡《もりおか》市と秋田県秋田市を結んだラインの付近が、古代国家による直接支配の北限ということになる。しかし、このラインから北の社会にも、文字を使

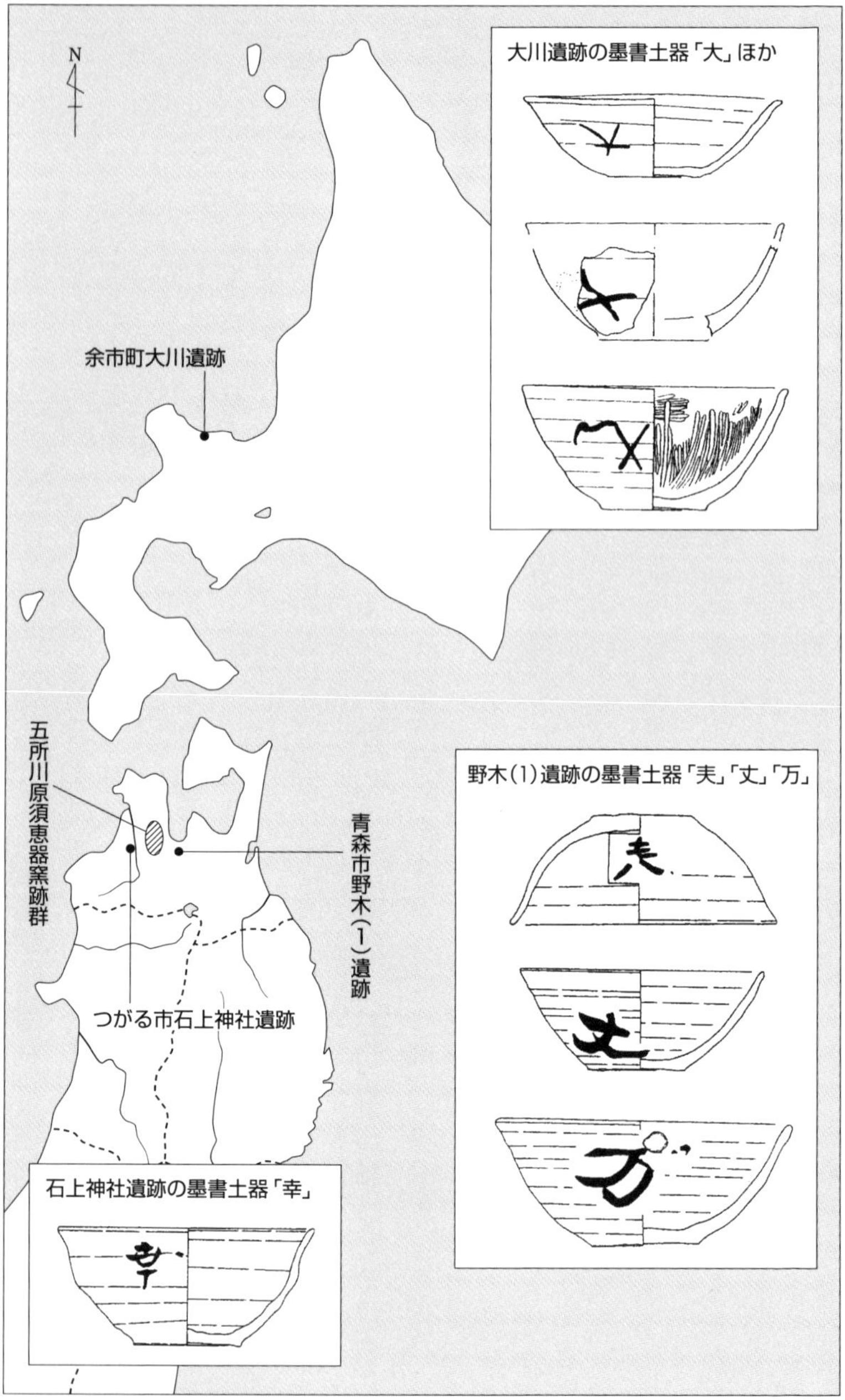
N
大川遺跡の墨書土器「大」ほか
余市町大川遺跡
五所川原須恵器窯跡群
青森市野木(1)遺跡
つがる市石上神社遺跡
野木(1)遺跡の墨書土器「夫」「丈」「万」
石上神社遺跡の墨書土器「幸」

図63　北方の墨書土器

う文化は浸透していった。

　東北地方北部からも、墨書土器はみつかっている。坏《つき》に一文字程度の文字を記したものがほとんどであるという点は、律令国家の支配下にある地域と同じである。蝦夷《えみし》と呼ばれたこの地域の人びとが、どのようにしてこうした文字文化を吸収し、またあらたに発展させていったのかは、今後もみつかってくるであろう事例によって、さらに研究の進展が期待されるところであり、蝦夷世界がどのように展開していったのかを解明する重要な鍵でもある。

　本州の北端にある青森県でも、九世紀の集落からは墨書土器がみつかる。関東地方でのように、一つの集落から一〇〇点を超えるような墨書土器がみつかるといったほどではないが、集落のなかに墨書土器が数点みつかることも珍しくはなくなった。「幸」や「万」といった文字を記した土器もみつかっており、やはり願いごとやまじないの文言の可能性が考えられるだろう。また、北海道道央地方でも墨書土器がみつかるようになり、津軽《つがる》海峡を越えるどころか、さらに数百キロも北方まで、墨書土器を使う人びとがいたのである。

　近年では、木簡も出土し始めた。青森市新田《にった》(1)遺跡では、溝跡から多くの

●──図64　新田(1)遺跡第六号木簡(物忌札)

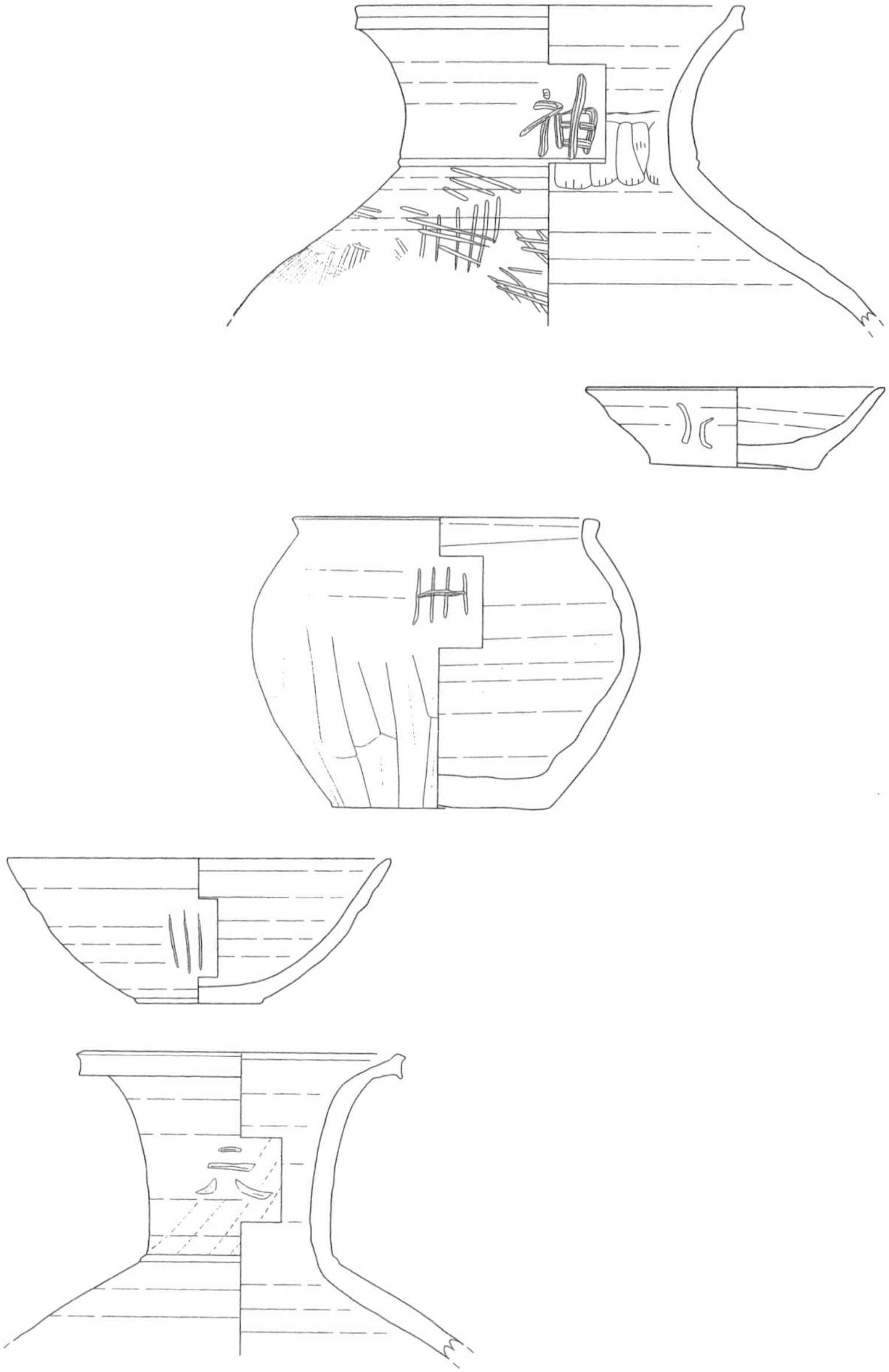

●──図65　五所川原窯産須恵器ヘラ記号

祭祀《さいし》遺物とともに物忌札《ものいみふだ》▲と考えられる木簡がみつかり、注目される。北方社会がどのような歴史的展開をたどったのか、十世紀から十一世紀の状況については、文献史料がほとんどないこともあって、謎であったが、こうした出土文字資料が、この地域の歴史を考えるうえで多くのヒントをあたえてくれそうである。

　また、北方の地域どうしの交流の問題にも、出土文字資料がかかわっている。青森県五所川原《ごしょがわら》市には、九世紀後半から十世紀にかけての須恵器《すえき》▲窯跡《がまあと》がまとまって分布しており、五所川原窯跡群と呼んでいる。この窯で生産された須恵器には、ヘラ書きによる文字や記号が記されている割合が非常に多い。図65はそのなかの数例である。なにを目的として、これほどまでに、ほとんど全点にヘラ記号が付されていたのか、その意図するところは明らかではないが、類例の増加によって、今後、解明が進むだろう。五所川原窯産の須恵器は、北海道のオホーツク海沿岸でもみつかっているが、その一方で北緯四〇度以南ではみつかっていない。したがって、蝦夷社会からそれ以北に向けた輸出品という見方もできる。特徴的な分布のあり方も含めて、まだ未解明の部分も多い。須恵

▼**物忌札**　物忌の際に邸宅の前に提示して、物忌中であることを示すとともに、鬼神《きしん》などの侵入を防止するための札。

▼**須恵器**　五世紀ごろ朝鮮半島から日本に伝わった技術でつくられた焼物。窯を使い高温で酸化《さんか》焼成《しょうせい》してつくられるため、土師器《はじき》に比べて硬くじょうぶだが、集落内での生産はできず、産地が限定される。

器窯とヘラ書きとの関係については、今後の研究の進展が期待される。

文字文化の営みでつながる東アジア世界

出土文字資料がつなぐ世界は、日本列島の南北の範囲にとどまらない。漢字という共通の文字を使っていた東アジア世界のなかでは、文字でどのような営みを行うのかという点からみれば、共通した要素を多く指摘することができる。韓国や中国での発掘調査などでみつかる出土文字資料と、日本の出土文字資料がつながっている部分は多い。同じ書籍を読んで同じ知識をもち、また同じような道具を使って文字を読み書きしていた東アジア世界では、当然のことながら文字文化はつながっているのである。

出土文字資料は、文字の記されたモノとして、地域を越え、国境を越えて研究方法において共通する面をもっている。東アジアに共通の漢字で記された漢文の資料として、また、文字を記す素材についても紙・木・石・金属など、共通する一つの大きな文化の枠組みのなかにあるといってよい。

朝鮮半島の出土文字資料との関係

日本に文字文化を伝えた朝鮮半島における出土文字資料は、日本のものと非常に近い要素を多くもっている。たとえば、東京国立博物館に所蔵されている朝鮮半島出土の大刀《たち》のなかに、「……不畏也□令此刀主富貴高遷財物多也（……畏《おそ》れざるなり。□この刀の主をして富貴高遷にして財物多からしむるなり）」という銘《めい》文《ぶん》をもつ三国《さんごく》時代のものが知られている（図66）。この銘文は、この刀をもっているとよいことにめぐまれるという趣旨の吉祥《きっしょう》句《く》であるが、こうした文言は、日本の五世紀ごろの古墳《こふん》から出土した刀剣の銘文にもみられ、熊本県玉名《たまな》郡和水町《なごみまち》の江田船山《えたふなやま》古墳出土の大刀にも、「此の刀を服するものは、長寿にして、子孫洋々、□の恩を得るなり。その統ぶるところを失わず」とみえる（図67）。二〇ページでもふれたように、もともと国内にこうした銘文を象嵌《ぞうがん》して記録する技術はなく、朝鮮半島からはいってきたものである。刀に吉祥句を記すという行為ごと、その技術がはいってきたのであり、当然のことながら当初のこうした技術の担い手は、朝鮮半島からやってきた技術者であった。共通した技術によってできあがったこれらの銘文は、五世紀ごろにおける朝鮮半島との文化

●図66　有銘環頭《ゆうめいかんとう》大刀（部分）

●図67　江田船山古墳の大刀（部分）

図68　韓国の干支年の木簡（二聖山城出土）

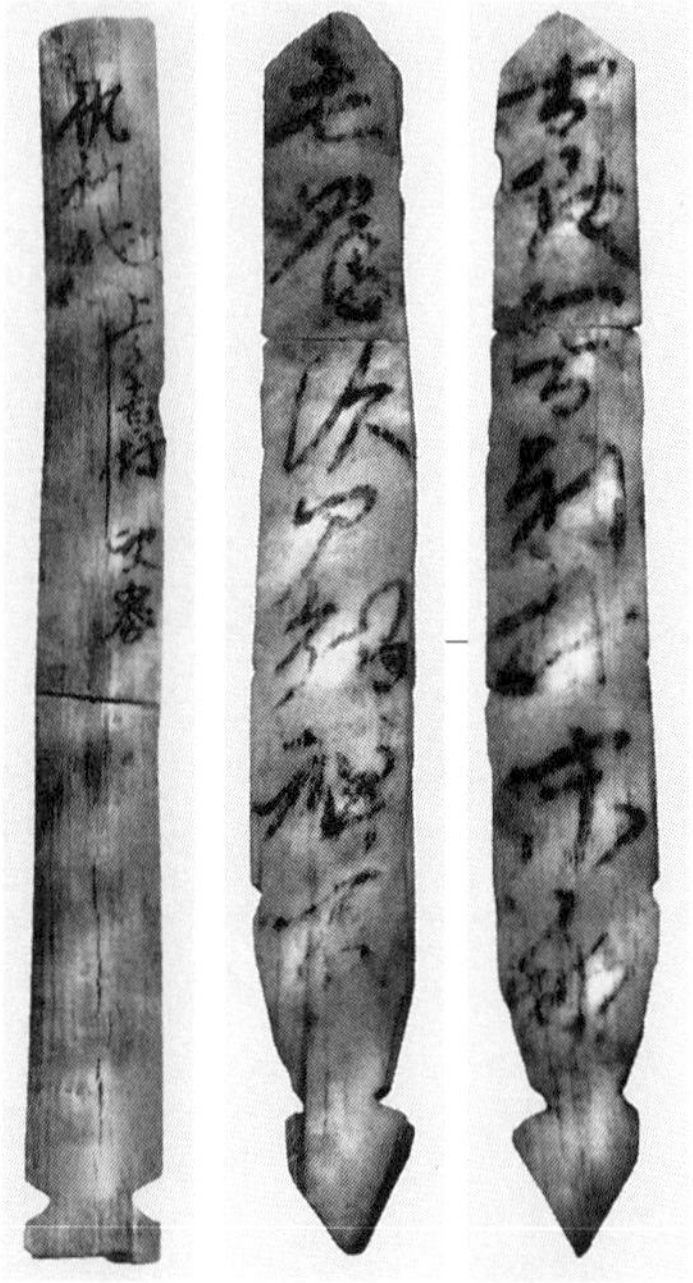

図69　韓国の下端切込みの木簡（城山山城出土）

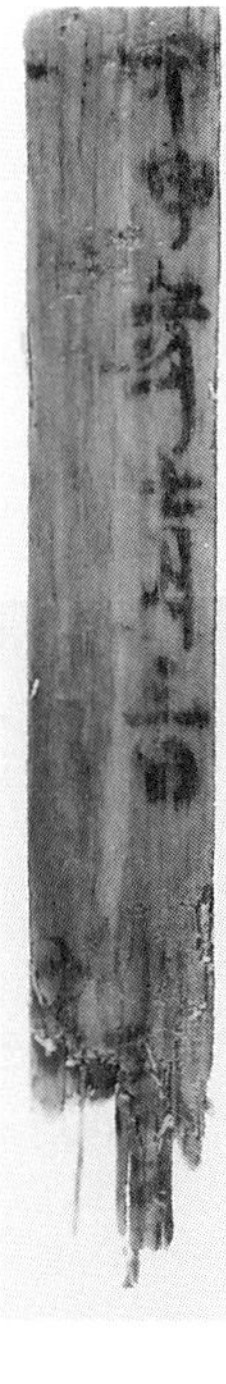

図70　日本の干支年の木簡（藤原宮木簡第五二二号）

図71　日本の下端切込みの木簡（平城京木簡第七六号〈右〉、平城京左京一条三坊出土の木簡）

の一体性を物語る。

木簡においても、近年では朝鮮半島との共通性が注目されている。韓国ではこれまでに三〇〇点余りの木簡がみつかっており、二〇〇七年一月に韓国木簡学会も設立されて、韓国国内でも木簡への関心が高まっている。韓国の木簡の出土例がふえるにつれて、日本の木簡との比較によって、共通する要素が改めて浮彫りになってきた。七世紀の木簡を、日本と韓国とで比べていくと、干支《かんし》による年紀のあり方はほぼ同じ様式といってよい（図68・70）。文章の冒頭に干支で年紀を書く様式は、同じ時期の中国では年号を使って文章の末尾に年紀をおくようになっていることと比べて、日本の木簡と韓国の木簡の一体性を象徴するものだろう。日本に伝えられた木簡の文化は、もとをたどれば朝鮮半島由来のものであり、日本の木簡の直接の祖型は朝鮮半島での木簡の体系のなかにあるということができる。八世紀の日本の荷札木簡の一部に、下部に切込みをいれたものがみられ（図71）、きわめて例外的な特異な形態であるかのように当初は考えられていたが、これも、近年、韓国から同じ形態のものがみつかり（図69）、下部に切込みをいれる荷札の形態が、朝鮮半島での木簡の形式に由来すると考えられるようになってきた。いわば、八世紀の日本の木簡の文化は、同時期の韓国の木簡の文化と兄弟関係にあるといってよいし、日本にまだ木簡が広まっていない時期の韓国の木簡は、日本木簡の親にあたる存在である。

中国の出土文字資料との関係

東アジアにおける文筆の文化は、さらに中国を源としている。中国では漢代《かん》の木簡が早くから知られていたが、日本の木簡との時代差が大きく、双方を比較しても直接のつながりで説明することに説得力はあまりなかった。しかし、韓国でちょうどあいだにはいる時期の木簡がみつかってきたことにより、朝鮮半島を介した数段階のつながりのなかで、日本の木簡と中国の木簡との関係も考えられるようになってきている。年代や地域を越えた形態的特徴をもつものも指摘され始めており、今後、こうした視点からの追究が必要になってくるだろう。

また、中国では、西域の乾燥地帯から紙に書かれた文書も多く出土している。すなわち、甘粛《かんしゅく》省の敦煌《とんこう》では著名な莫高窟《ばっこうくつ》から、新疆《しんきょう》維吾爾《ウイグル》自治区のトルファンでは墓地群から、古代の文書が多数みつかっているのである。敦煌文書やトルファン文書のなかには、戸籍のような帳簿類や、日常の手紙の類も含まれている。いらなくなった文書が反故《ほご》として二次利用され、廃棄された情報が残されたという点では、日本の漆紙《うるしがみ》文書に通じるところがある。しかも、敦煌やトルファンは、中国王朝にとっては辺境地帯であり、日本で漆紙文書が多くみつかっている多賀城《たがじょう》や秋田城も辺境の官衙《かんが》であることから、それぞれの国家における辺境地帯の様相がわかるという点で共通している。日本と中国の辺境地域の実態を知るうえで貴重な史料ということができる。

トルファン文書のなかには、墓地に副葬《ふくそう》された随葬衣物疏《ずいそういぶつそ》(図72)や買地券《ばいちけん》もみられる。随葬衣物疏は、故人のために埋葬した衣物が他人の所有にはできないように冥界《めいかい》の神々と契約したことを示した文書であり、また買地券は、故人のために墓地を買得したことを示す文書である。いずれも死者にとって死後の世界で意味があるようにと、記されたものである。冥界に示すために墓地の所有権を示した買地券については、日本でも八世紀から九世紀にかけての出土例がある。現在の岡山県倉敷市で江戸《えど》時代にみつかった塼《せん》の買地券には、ある女

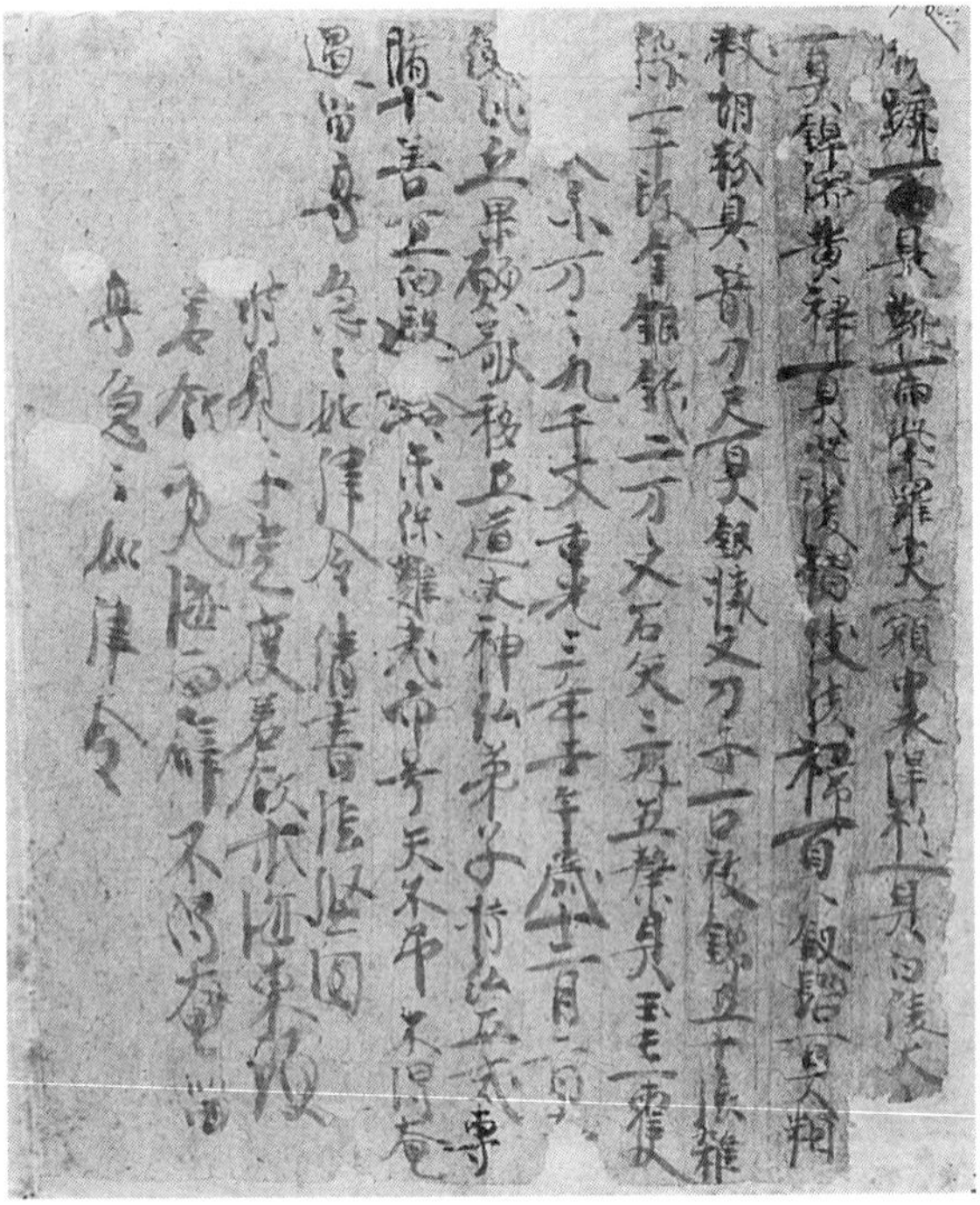

図72　トルファンの随葬衣物疏（大谷文書第四九一七号）

図73　矢田部益足の買地券

図74　宮ノ本遺跡の買地券

性のための墓地を、女性が所属する郷《ごう》の郷長《ごうちょう》である矢田部益足《やたべのますたり》という人物が買得して用意したと刻書《こくしょ》されている(図73)。また、福岡県太宰府《だざいふ》市宮《みや》ノ本《もと》遺跡の墳墓跡からみつかった鉛板には、刻線で行をつくりだしたなかに、一〇〇文字余りの文章が墨書されていた(図74)。いずれも、なくなった者を悼み、故人の冥界への旅立ちにあたって必要なことがらを、文書で記して副葬したものである。こうした行為の背景にある冥界への考え方は、中国の道教《どうきょう》における考え方に由来する要素があり、そうした冥界観の流入をみてとることができる。文字によって死者を悼む行為のなかに、中国思想とのつながりを色濃く読みとることもできるのである。

出土文字資料とのつきあい

日本列島に出現した文字文化は、各地に伝播することによって、多くの知識・技術を広めた。現代の私たちには、そうした共通する表現・表記の世界があることによって、出土文字資料を読み解いていくことができる。文字文化のつながりによって、広い地域にわたって歴史像を追い求めていくことが可能になったのである。古代社会のさまざまな面を明らかにしていくうえで、出土文字資料はまだまだ多くの可能性を秘めている。今後も、これまで予想だにしなかったことが、急転直下に明らかになることがあるかもしれない。

こうした出土文字資料を読み解く技術も、出土文字資料の発見とともに歩んできた歴史をもっている。二〇〇六（平成十八）年に刊行された『木簡《もっかん》研究』第二八号の巻頭に、今泉隆雄さんの書かれた一文を引用しておきたい。「一九六一年、平城宮《へいじょうきゅう》跡における最初の木簡出土によって、日本において本格的な木簡研究が始まるとともに、木簡をよむという仕事と、その仕事に専門的に従事する人たちが誕生した」。以来、四〇年以上にわたって、こうした出土文字資料を読む現場での努力が続けられてきたのである。当初は、水をはったホーローびきのバットのなかにいれた木簡に、スポットライトの光線をあてたり、あるいは細長いガラス瓶に水をいれたなかに、縦に木簡をいれていろいろな角度からながめてみたり、肉眼で観察する方法にさまざまなヴァリエーションを加えて、職人的な技術が工夫されたのであった。

現在では、墨の炭素に反応する赤外線テレビカメラの導入によって、判読困難であった薄い墨痕にも、ある程度対応できるような技術が、理化学的方法の進歩によって進みつつある。しかし、どんなに機械的な技術が進んでも、最後に文字を読みとるのが人間の目からみた字形の判断であることに変わりはない。写真平面上の墨痕の位置から文字を自動的に認識するシステムが開発されたとしても、どの字形をどの文字と認識するかという判断データをあらかじめ機械にあたえておくのは、人間の仕事である。

機械が万能でないことは、出土文字資料を釈読《しゃくどく》する現場にあっては、いつも痛感させられることである。赤外線テレビカメラからモニタに映し出された画像をみても、「はて、いま画面に映っている文字はなんだろう?」とモニタをにらむ作業が延々と続く。詳しく統計をとったことはないので、あくまで印象であるが、全国で発見される墨痕やヘラ書きの痕跡のある出土資料のうち、釈読によって記された文字が確定するものは、半分にも満たないだろう。何年も、何十年ものあいだ、みえるかみえないかという文字とのつきあいを続けていく、こうした困難な作業現場で、今日も各地の研究者が、一点一点の資料を大事にしながら、それぞれから最大限の情報を引き出す努力をしているのである。

本書において、さまざまに紹介してきた研究成果も、こうした地道な作業現場のなかから生まれたものである。釈読できた出土文字資料のおもしろさとともに、その一方では、なかなかうまく釈読されなかった数多くの資料もある。しかし、どの資料にも優劣はない。どんなに小さな断片にも、さまざまな可能性が秘められていることに変わりはないのである。

図64　　　青森市教育委員会編『石江遺跡群発掘調査報告書』2007年
図65　　　五所川原市教育委員会『五所川原須恵器窯跡群』2003年
図66・67　東京国立博物館 Image:TNM Image Archives
Source:http://TnmArchives.jp/
図68・69　国立昌原文化財研究所『韓国의古代木簡』2006年
図70・71　奈良文化財研究所
図72　　　龍谷大学図書館
図73　　　倉敷考古館
図74　　　太宰府市教育委員会

図32　(財)茨城県教育財団
図33　秋田県埋蔵文化財センター編『厨川谷地遺跡』2005年
図34〜36　山武考古学研究所編『小原子遺跡群』1990年
図37　(財)いわき市教育文化事業団編『小茶円遺跡』2001年
図38　鶴岡市教育委員会編『山田遺跡』1999年
図39　上三川町教育委員会
図40　(財)いわき市教育文化事業団編『荒田目条里遺跡』2001年
図41　(財)石川県埋蔵文化財センター(原資料蔵)・文字は佐野光一筆・平川南監修,(財)石川県埋蔵文化財センター編『発見！古代のお触れ書き』大修館書店,2001年
図42　奈良文化財研究所
図43　木簡学会編『木簡研究』第28号,2006年
図44・45　奈良文化財研究所
図46　長野県立歴史館
図47　新潟県和島村教育委員会『八幡林遺跡』1992年
図48　多賀城市教育委員会
図49　奥州市埋蔵文化財調査センター
図50　東北歴史博物館
図51〜53　奈良文化財研究所
図54・55　長野県立歴史館
図56　山武考古学研究所編『小原子遺跡群』1990年
図57左　袖ヶ浦市・(財)君津郡市文化財センター『文脇遺跡』1992年
図57右　(財)君津郡市文化財センター編『永吉台遺跡群』1985年
図58　千葉県教育委員会・(財)千葉県文化財センター『公津原Ⅱ』1981年
図59　長野県立歴史館
図60　長野県立歴史館(写真部分のみ)
図61　(財)徳島県埋蔵文化財センター編『観音寺遺跡Ⅰ』2002年
図62上　九州歴史資料館『大宰府史跡　昭和59年度発掘調査概報』1985年
図62下　奄美市立奄美博物館
図63上　余市町教育委員会『1993年度大川遺跡発掘調査概報』1994年
図63中　青森市教育委員会編『野木遺跡発掘調査報告書Ⅱ』2001年
図63下　青森県教育委員会編『石上神社遺跡発掘調査報告書』1977年

●—図版所蔵・提供者・出典一覧（敬称略）

カバー表上　奈良文化財研究所
カバー表下　長野県立歴史館
扉上　奈良文化財研究所
扉下　長野県立歴史館
カバー裏　多賀城市教育委員会
図１　奈良文化財研究所
図２　東京都教育委員会・文化庁編『発掘された日本列島　'95新発見考古速報』朝日新聞社, 1995年
図３　奈良文化財研究所
図４　国（文化庁）保管・奈良県立橿原考古学研究所附属博物館
図５　東京国立博物館 Image:TNM Image Archives
Source:http://TnmArchives.jp/
図６・７　秋田市教育委員会秋田城跡調査事務所
図８　藤枝市郷土博物館
図９～12　多賀城市教育委員会
図13・14　奈良文化財研究所
図15　東北歴史博物館
図16　国立歴史民俗博物館
図17　国（文化庁）保管・埼玉県立さきたま史跡の博物館
図18　東京国立博物館 Image:TNM Image Archives
Source:http://TnmArchives.jp/
図19　金峯神社・京都国立博物館
図21　宮城県多賀城跡調査研究所
図22　矢巾町教育委員会
図23　（財）大阪府文化財センター
図24～26　奈良文化財研究所
図27　九州歴史資料館
図28　奈良文化財研究所
図29　四天王寺
図30　多賀城市埋蔵文化財調査センター編『山王遺跡—第17次調査—出土の漆紙文書』1995年
図31　埼玉県立さきたま史跡の博物館

東野治之『書の古代史』岩波書店, 1994年
東野治之『長屋王家木簡の研究』塙書房, 1996年
東野治之『日本古代金石文の研究』岩波書店, 2004年
奈良国立文化財研究所飛鳥資料館編『日本古代の墓誌』同朋舎, 1979年
早川庄八『日本古代の文書と典籍』吉川弘文館, 1997年
平川南『漆紙文書の研究』吉川弘文館, 1989年
平川南『よみがえる古代文書』(岩波新書新赤版349)岩波書店, 1994年
平川南『墨書土器の研究』吉川弘文館, 2000年
平川南『古代地方木簡の研究』吉川弘文館, 2003年
平川南編『古代日本の文字世界』大修館書店, 2000年
平川南編『古代日本　文字の来た道』大修館書店, 2005年
平野邦雄・鈴木靖民編『木簡が語る古代史　上　都の変遷と暮らし』吉川弘文館, 1996年
平野邦雄・鈴木靖民編『木簡が語る古代史　下　国家の支配としくみ』吉川弘文館, 2001年
文化庁文化財保護課監修『月刊文化財』第362号(特集：墨書土器の世界)雄山閣出版, 1993年
木簡学会編『日本古代木簡選』岩波書店, 1990年
木簡学会編『日本古代木簡集成』東京大学出版会, 2003年
森公章『長屋王家木簡の基礎的研究』吉川弘文館, 2000年
山中章『日本古代都城の研究』柏書房, 1997年
李成市「韓国出土の木簡について」『木簡研究』19, 1997年
『季刊考古学』第18号(特集：考古学と出土文字)雄山閣出版, 1987年

●——参考文献

犬飼隆『木簡による日本語書記史』笠間書院, 2005年
今泉隆雄『古代木簡の研究』吉川弘文館, 1998年
上原真人・白石太一郎・吉川真司・吉村武彦編『列島の古代史6　言語と文字』岩波書店, 2006年
大庭脩編著『木簡【古代からのメッセージ】』大修館書店, 1998年
沖森卓也・佐藤信『上代木簡資料集成』おうふう, 1994年
鐘江宏之「廃棄された文字の世界」赤坂憲雄・中村生雄・原田信男・三浦佑之編『いくつもの日本Ⅱ　あらたな歴史へ』岩波書店, 2002年
狩野久『日本古代の国家と都城』東京大学出版会, 1990年
狩野久編『日本の美術160　木簡』至文堂, 1979年
川崎市民ミュージアム編『古代東国と木簡』雄山閣出版, 1993年
岸俊男『宮都と木簡』吉川弘文館, 1977年
岸俊男『遺跡・遺物と古代史学』吉川弘文館, 1980年
岸俊男『日本古代文物の研究』塙書房, 1988年
鬼頭清明『木簡の社会史』河出書房新社, 1984年（のち講談社学術文庫1670として刊行, 講談社, 2004年）
鬼頭清明『木簡』（考古学ライブラリー 57）ニューサイエンス社, 1990年
鬼頭清明『古代木簡の基礎的研究』塙書房, 1993年
鬼頭清明『古代木簡と都城の研究』塙書房, 2000年
小谷博泰『木簡と宣命の国語学的研究』和泉書院, 1986年
小谷博泰『上代文学と木簡の研究』和泉書院, 1999年
佐伯有清『古代東アジア金石文論考』吉川弘文館, 1995年
佐藤信『日本古代の宮都と木簡』吉川弘文館, 1997年
佐藤信『古代の遺跡と文字資料』名著刊行会, 1999年
佐藤信『出土史料の古代史』東京大学出版会, 2002年
高島英之『古代出土文字資料の研究』東京堂出版, 2000年
高島英之『古代東国地域史と出土文字資料』東京堂出版, 2006年
寺崎保広『古代日本の都城と木簡』吉川弘文館, 2006年
東野治之『正倉院文書と木簡の研究』塙書房, 1977年
東野治之『日本古代木簡の研究』塙書房, 1983年
東野治之『木簡が語る日本の古代』（岩波新書231）岩波書店, 1983年（のち増補し同時代ライブラリー 319として刊行, 岩波書店, 1997年）

日本史リブレット15

地下《ちか》から出土《しゅつど》した文字《もじ》

2007年9月28日　1版1刷　発行
2025年8月20日　1版4刷　発行

著者：鐘江宏之《かねがえひろゆき》

発行者：野澤武史

発行所：株式会社 山川出版社

〒101－0047　東京都千代田区内神田1－13－13
電話　03(3293)8131(営業)
03(3293)8134(編集)
https://www.yamakawa.co.jp/

印刷所：信毎書籍印刷株式会社

製本所：株式会社 ブロケード

装幀：菊地信義

ISBN 978-4-634-54150-4
・造本には十分注意しておりますが，万一，乱丁・落丁本などが
ございましたら，小社営業部宛にお送り下さい。
送料小社負担にてお取替えいたします。
・定価はカバーに表示してあります。

日本史リブレット　第Ⅰ期［68巻］・第Ⅱ期［33巻］　全101巻

1 旧石器時代の社会と文化
2 縄文の豊かさと限界
3 弥生の村
4 古墳とその時代
5 大王と地方豪族
6 藤原京の形成
7 古代都市平城京の世界
8 古代の地方官衙と社会
9 漢字文化の成り立ちと展開
10 平安京の暮らしと行政
11 蝦夷の地と古代国家
12 受領と地方社会
13 出雲国風土記と古代遺跡
14 東アジア世界と古代の日本
15 地下から出土した文字
16 古代・中世の女性と仏教
17 古代寺院の成立と展開
18 都市平泉の遺産
19 中世に国家はあったか
20 中世の家と性
21 武家の古都、鎌倉
22 中世の天皇観
23 環境歴史学とはなにか
24 武士と荘園支配
25 中世のみちと都市
26 戦国時代、村と町のかたち
27 破産者たちの中世
28 境界をまたぐ人びと
29 石造物が語る中世職能集団
30 中世の日記の世界
31 板碑と石塔の祈り
32 中世の神と仏
33 中世社会と現代
34 秀吉の朝鮮侵略
35 町屋と町並み
36 江戸幕府と朝廷
37 キリシタン禁制と民衆の宗教
38 慶安の触書は出されたか
39 近世村人のライフサイクル
40 都市大坂と非人
41 対馬からみた日朝関係
42 琉球の王権とグスク
43 琉球と日本・中国
44 描かれた近世都市
45 武家奉公人と労働社会
46 天文方と陰陽道
47 海の道、川の道
48 近世の三大改革
49 八州廻りと博徒
50 アイヌ民族の軌跡
51 錦絵を読む
52 草山の語る近世
53 21世紀の「江戸」
54 近代歌謡の軌跡
55 日本近代漫画の誕生
56 海を渡った日本人
57 近代日本とアイヌ社会
58 スポーツと政治
59 近代化の旗手、鉄道
60 情報化と国家・企業
61 民衆宗教と国家神道
62 日本社会保険の成立
63 歴史としての環境問題
64 近代日本の海外学術調査
65 戦争と知識人
66 現代日本と沖縄
67 新安保体制下の日米関係
68 戦後補償から考える日本とアジア
69 遺跡からみた古代の駅家
70 古代の日本と加耶
71 飛鳥の宮と寺
72 古代東国の石碑
73 律令制とはなにか
74 正倉院宝物の世界
75 日宋貿易と「硫黄の道」
76 荘園絵図が語る古代・中世
77 対馬と海峡の中世史
78 中世の書物と学問
79 史料としての猫絵
80 寺社と芸能の中世
81 一揆の世界と法
82 戦国時代の天皇
83 日本史のなかの戦国時代
84 兵と農の分離
85 江戸時代のお触れ
86 江戸時代の神社
87 大名屋敷と江戸遺跡
88 近世商人と市場
89 近世鉱山をささえた人びと
90 「資源繁殖の時代」と日本の漁業
91 江戸の浄瑠璃文化
92 江戸時代の老いと看取り
93 近世の淀川治水
94 日本民俗学の開拓者たち
95 軍用地と都市・民衆
96 感染症の近代史
97 陵墓と文化財の近代
98 徳富蘇峰と大日本言論報国会
99 労働力動員と強制連行
100 科学技術政策
101 占領・復興期の日米関係